JN024580

菩薩は女性を愛せるか

大竹晋
OTAKE Susumu

春秋社

菩薩は女性を愛せるか　目　次

序　章　仏教において菩薩とは何か――3

第一章　仏教は恋愛を容認できるか――31

菩薩は女性を愛せるか

序　章　仏教において菩薩とは何か

一　本章のねらい

仏教においては、菩薩が他者救済に取り組むことが説かれている。それとともに、仏教においては、菩薩が自己抑制に取り組むことも説かれている。自己抑制と他者救済との両方に取り組む菩薩が女性である他者を救済する場合、はたして、菩薩は女性を愛せるか——

この素朴な疑問に対し、仏教の文献を広く渉猟しつつ、真摯な回答を提示することが本書の目的である。

本章においては、導入として、基本的なことについて確認していきたい。

二　仏教の文献

仏教が始まった、紀元前五世紀ごろのインドにおいては、いにしえからの宗教的権威を揮(ふる)っていた、婆羅門(ばらもん)と呼ばれる世襲祭司の権威が疑われ始め、在家者のうちから、家を捨てて真理を求める、沙門(しゃもん)と呼ばれる出家者が現われ始めていた。仏教の開祖であるブッダ、釈迦牟尼仏(しゃかむにぶつ)――しばしばガウタマ・シッダールタあるいはゴータマ・シッダッタと呼ばれている人物――も沙門のひとりである。

ブッダのもとには、彼の考えかたに賛同する出家者たちと在家者たちとが集まった。彼らは七衆(しちしゅ)と呼ばれる。いわば、七衆は仏教徒の総体である。七衆のうちわけを表示するならば、次の表のとおりである。

七衆	内容
比丘	正式な男性出家者（二十歳以上）
比丘尼	正式な女性出家者（二十歳以上）
式叉摩那	見習い女性出家者（十八歳以上、二年間）
沙弥	見習い男性出家者（二十歳未満）
沙弥尼	見習い女性出家者（十八歳未満）
優婆塞	男性在家者
優婆夷	女性在家者

ブッダは八十歳にして没したが、伝承によれば、その直後に、彼の弟子である出家者たちは彼の教えの集成として三蔵を結集（編纂）した。三蔵とは、次のとおりである。

経蔵（経のセット）

律蔵（律のセット）

論蔵（論のセット）

経は経典、律は出家者の規律、論は経典の補論である。これら三蔵こそが仏教の正典である。

そののち、彼の死後百年ごろから、出家者たちは内部分裂を始め、大略して十八部派と呼ばれる諸部派が成立した。そのことによって、それぞれの部派において、それぞれ独自の三蔵が形成された。いわゆる部派仏教の始まりである。

三蔵は仏教の正典であるが、それぞれの部派にそれぞれ独自の三蔵があるのであって、あらゆる部派に共有の三蔵はない。ある部派の三蔵と、ほかの部派の三蔵とは、特に律蔵と論蔵とにおいて、しばしば互いに大きく異なっている。

諸部派のうち、現存しているのはスリランカや東南アジア諸国において展開している上座部のみである。諸部派の三蔵のうち、完全に現存しているのもパーリ語のかたちで現存している上座部の三蔵のみである。

ただし、おもにインド本土において展開していた説一切有部の三蔵は、たとえ梵語のかたちで現存している部分はわずかであるにせよ、もし漢訳と蔵訳とのかたちで現存している部分を含めるならば、かなりの部分が現存している。その点において、説一切有部の三蔵も不完全ながら現存していると言える。

上座部の三蔵の構成と、説一切有部の三蔵の構成とを対比するならば、次の表のとおりである（パーリ語については『南伝大蔵経』における訳を丸括弧内に記す）。

上座部の三蔵	説一切有部の三蔵
経蔵 『ディーガ・ニカーヤ』（『長部』） 『マッジマ・ニカーヤ』（『中部』） 『サンユッタ・ニカーヤ』（『相応部』） 『アングッタラ・ニカーヤ』（『増支部』） 『クッダカ・ニカーヤ』（『小部』）	経蔵 『長阿含経』 『中阿含経』 『雑阿含経』 『増一阿含経』 『小阿含経』
律蔵 〔※基本的にひとつ。通称『パーリ律』。〕	律蔵 〔※後世においては巨大化していくつかに分割されたが、基本的にひとつ。〕

論蔵

『ダンマサンガニ』（『法集論』）
『ヴィバンガ』（『分別論』）
『ダートゥカター』（『界論』）
『プッガラパンニャッティ』（『人施設論』）
『カターヴァットゥ』（『論事』）
『ヤマカ』（『双論』）
『パッターナ』（『発趣論』）

論蔵

『阿毘達磨品類足論』
『阿毘達磨識身足論』
『阿毘達磨法蘊足論』
『阿毘達磨施設足論』
『阿毘達磨界身足論』
『阿毘達磨集異門足論』
『阿毘達磨発智論』

このほか、諸部派においては、三蔵に対する註釈と綱要書とが書かれるようになった。たとえば、上座部においては、ブッダゴーサ（五世紀）らによって三蔵に対し註釈と綱要書とが書かれ、それによって教義が確定された。

さらに、説一切有部においては、論蔵の『阿毘達磨発智論』（前二世紀頃）に対し『阿毘達磨大毘婆沙論』という浩瀚な註釈が書かれ、それによって教義が確定された。なお、『阿毘達磨大毘婆沙論』はあまりに大部であるので、後世においては、同註釈にもとづく綱要書が書かれるようになった。綱要書のうち、ヴァスバンドゥ（世親）『阿毘達磨倶舎論』、サンガバドラ（衆賢）『阿毘達磨順正理論』は特に有名である。

さて、インドにおいては、紀元前後ごろから、諸部派の経蔵のうちに含まれていない、大乗経という新たな経の群れが出現し始めた。そのことによって、諸部派のうち、大乗経を支持する諸学派において、諸部派の三蔵に加え、大乗経が併用され始めた。いわゆる大乗仏教の始まりである。

大乗経を支持する諸学派は、大別して中観派、唯識派と呼ばれる二学派となった。注意すべきなのは、中観派、唯識派は諸部派と別個に存在していたのでなく、あくまで諸部派のうちに存在していたという点である。中観派、唯識派として活動していたのは、たいてい、いずれかの部派に属する出家者たちであった（ごくまれに在家者たちもいた）。

中観派の祖、ナーガールジュナ（龍樹）は『根本中頌』などを、唯識派の祖、マイトレーヤ（弥勒）は『瑜伽師地論』などを、それぞれ著したと伝えられている。さらに、二学派においては、それらに対する註釈と綱要書とが書かれるようになった。

ともあれ、本書において用いられるのはこのような部派仏教と大乗仏教との文献である。

三　仏教の聖者

仏教においては、有情（生物）は輪廻において幾度も転生し続けていると考えられている。転生先は、細かく言えば五趣、大まかに言えば善趣、悪趣という二趣に区分されている。趣とは、趣く先という意味である。図示するならば、上の図のとおりである。

五趣		
	地獄趣	悪趣
	畜生趣	悪趣
	餓鬼趣	悪趣
	人趣	善趣
	天趣	善趣

さらに、仏教においては、地球に該当するこの世界は娑婆世界と呼ばれている。娑婆世界は欲界（欲望界）、色界（物質界）、無色界（非物質界）という三界に区分されている。欲界は下界と低級な天界とであり、色界と無色界とは高級な天界である。地獄趣、畜生趣、餓鬼趣、人趣は欲界に位置し、天趣は三界のあちこちに位置している。図示するならば、次の図のとおりである。

娑婆世界
- 欲界……地獄趣、畜生趣、餓鬼趣、人趣、天趣
- 色界……天趣
- 無色界……天趣

さて、仏教の考えかたにおいては、有情が輪廻において幾度も転生し続けているのは、有情が煩悩にもとづいて善業・悪業を積み続けているからである。煩悩にもとづいて善業を積んだ者は善趣へ転生し、煩悩にもとづいて悪業を積んだ者は悪趣へ転生する。輪廻においては、善趣へ転生しても、悪趣へ転生しても、有情は苦を免れない。しかし、有情は、もし煩悩を断ちきることができるならば、煩悩にもとづく善業・悪業を積まなくなり、輪廻から脱して涅槃（鎮火状態）を証得することができる。涅槃を証得して死去、すなわち、般涅槃（完全に涅槃）する者はもはや絶対に転生せず、とこしえに苦から離れる。それゆえに、仏教においては、煩悩を断ちきり、輪廻から脱して涅槃を証得することが最も高く評価されている。

煩悩をいまだまったく断ちきらない者は異生と呼ばれる。煩悩を部分的あるいは全体的

に断ちきった者は聖者と呼ばれる。

部派仏教においては、聖者は三種類であると考えられている。図示するならば、次の図のとおりである。

聖者
- 仏（阿羅漢）
- 独覚（阿羅漢）
- 声聞（預流、一来、不還、阿羅漢）

仏とは、他者にたよらず覚醒し、教えによって他者を覚醒させる者である。独覚とは、仏の教えがない時代に独自に覚醒した者である。声聞とは、仏の教えを聴聞する者である。彼らの位は四果に区分されている。表示するならば、次の表のとおりである。

①預流果	②一来果	③不還果	④阿羅漢果

預流果、一来果、不還果は煩悩を部分的に断ちきった位、阿羅漢果は煩悩を全体的に断ちきった位である。預流果を得た者は預流、一来果を得た者は一来、不還果を得た者は不還、阿羅漢果を得た者は阿羅漢と呼ばれる。仏と独覚とは阿羅漢であり、声聞は預流、一来、不還、阿羅漢のいずれかである。輪廻から脱して涅槃を証得するのは阿羅漢である。

大乗仏教においては、聖者は四種類であると考えられている。図示するならば、次の図のとおりである。

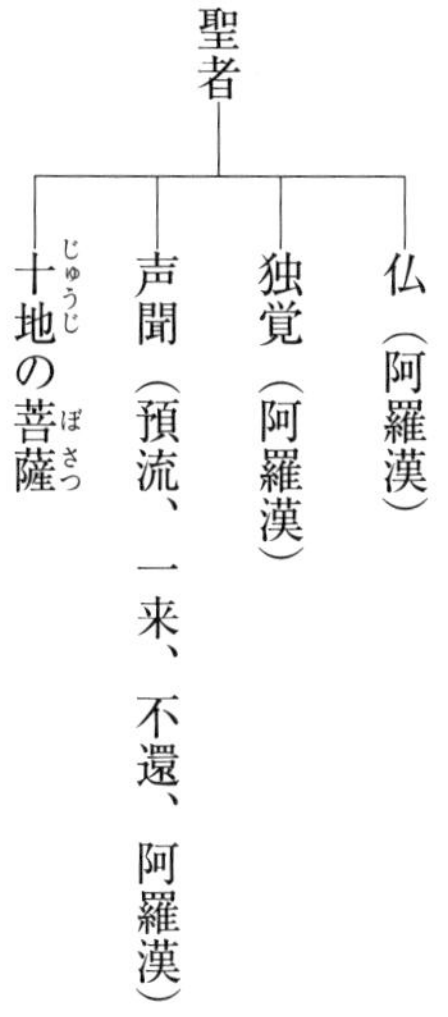

聖者
- 仏（阿羅漢）
- 独覚（阿羅漢）
- 声聞（預流、一来、不還、阿羅漢）
- 十地の菩薩

菩薩とは、仏の候補者である。菩薩は部派仏教においても説かれているが、部派仏教においては、菩薩は異生と考えられ、聖者と考えられていない。大乗仏教においては、菩薩は異生あるいは聖者と考えられている。十地の菩薩とは、聖者である菩薩である。

彼らの位は十地に区分されている。表示するならば、次の表のとおりである。

①歓喜（かんき）地	②離垢（りく）地	③発光（ほっこう）地	④焔慧（えんね）地	⑤難勝（なんしょう）地
⑥現前（げんぜん）地	⑦遠行（おんぎょう）地	⑧不動（ふどう）地	⑨善慧（ぜんね）地	⑩法雲（ほううん）地

十地はいずれも煩悩を部分的に断ちきった位である。輪廻から脱して涅槃を証得するのは阿羅漢である。

前述のように、阿羅漢とは、仏、独覚、阿羅漢である声聞という三種類である。部派仏教においても大乗仏教においても、三種類の阿羅漢はそれぞれ別々の菩提（〝覚醒〟）を得ると考えられている。

たとえば、上座部においては、次のように考えられている。

仏：　現等菩提（abhisambodhi）

独覚：　独覚菩提（paccekabodhi）
声聞：　声聞菩提（sāvakabodhi）

さらに、説一切有部と唯識派とにおいては、次のように考えられている。

仏：　無上正等菩提（anuttarā samyaksaṃbodhiḥ. 阿耨多羅三藐三菩提）
独覚：　独覚菩提（pratyekabodhi）
声聞：　声聞菩提（śrāvakabodhi）

ともあれ、本書において扱われる菩薩は仏の候補者である。

四　聖者の出家

仏教においては、聖者はある時期から在家者でいられなくなると考えられている。
部派仏教においては、仏、独覚は最後の一生において仏、独覚になる直前から在家者でいられなくなると考えられているし、声聞は遅くとも阿羅漢になる時から在家者でいられなくなると考えられている。

たとえば、上座部の『ミリンダパンハー』（Mp264–266. 中村元、早島鏡正〔訳〕［1964: 7–9］）においては、在家者は阿羅漢になったその日のうちに出家者となるか、死去すると説かれている（藤田宏達［1964］、森章司［2001］）。

説一切有部の『阿毘達磨大毘婆沙論』（巻四十六。T27, 241a）においては、在家者は阿羅漢になれないと説かれ、あるいは阿羅漢になったのちにかならず出家者となると説かれている（藤田宏達［1964］）。

大乗仏教においては、それに加え、十地の菩薩は第六地に入る直前から在家者でいられなくなると考えられている。

たとえば、『十地経』初地の末尾、第二地の末尾においては、それぞれ、菩薩は在家者か出家者かであると説かれている。第四地の末尾、第五地の末尾においては、それぞれ、菩薩は多くは出家者となると説かれている。第六地以上の末尾においては、もはや菩薩は出家者となるとは説かれていない。すなわち、第六地以上の菩薩はかならず出家者である。

マイトレーヤ（弥勒）、マンジュシュリー（文殊）、クシティガルバ（地蔵）らはいずれも出家者である菩薩である。マイトレーヤについては、『郁伽長者所問経』において在家者であるウグラ居士（郁伽長者）らを出家させたことが説かれ、マンジュシュリーについては、『首楞厳三昧経』『央掘魔羅経』においてもともとほかの仏国土の仏であったことが説かれ、クシティガルバについては、『大乗大集地蔵十輪経』において声聞の姿を採っていたことが説かれているから、彼らはいずれも出家者である菩薩であるとわかる。なお、マイトレーヤは、かつて釈迦牟尼仏に随って欲界にいたが、今は一生補処（〝あと一生だけ繋ぎ留められている状態〟）である第十地の菩薩となって色界の大自在住処にいると考えられている。ただし、マイトレーヤによって仮現された変化身は欲界の覩史多天にいると考えられており、この変化身は在家者であると考えられている（慧立・彦悰『大唐慈恩寺三蔵法師伝』巻二。T50, 232C）。

出家者である菩薩なのか在家者である菩薩なのか、よくわからないのは、アヴァローキテーシュヴァラ（観自在／観世音）やアーカーシャガルバ（虚空蔵）のような、ほかの仏国土から来ている菩薩である。『大智度論』（巻七。T25, 111a）においては、菩薩が出家者である菩薩、在家者である菩薩、ほかの仏国土から来ている菩薩という三種類に区分されているが、ほかの仏国土から来ている菩薩は出家者であるとも在家者である菩薩であるとも明言されていない。なお、菩薩を出家者である菩薩、在家者である菩薩、ほかの仏国土から来ている菩薩という三種類に区分することは『大智度論』の漢訳者である鳩摩羅什によっても説かれている（『注維摩詰経』巻一。T38, 328b）。

さて、部派仏教においても大乗仏教においても、出家者と在家者とである七衆はそれぞれ仏教的な道徳律（moral code）に従うことによって仏教的な道徳性（morality）をたもつと考えられている。仏教的な道徳律は学処（がくしょ）と呼ばれ、仏教的な道徳性は戒と呼ばれる。表示するならば、次のとおりである。

七衆	学処	戒
比丘	二百五十学処（概数。部派によって相違）	波羅提木叉（はらだいもくしゃ）
比丘尼	五百学処（概数。部派によって相違）	波羅提木叉
式叉摩那	六学処	六法
沙弥・沙弥尼	十学処	十戒

優婆塞・優婆夷	五学処	五戒
	八学処	八戒

なお、古い漢訳においては、学処も戒と訳されている。たとえば、二百五十学処は二百五十戒と訳されている。

大乗仏教においては、出家者である菩薩は、波羅提木叉をたもっている、出家者である比丘である。これは菩薩比丘とも呼ばれている。

ともあれ、本書において扱われるのは出家者である菩薩と在家者である菩薩との両者である。

五　聖者の性別

仏教においては、仏、独覚、声聞という三種類の聖者のうち、声聞は男性であっても女性であってもなれるが、仏、独覚は男性であってこそなれると考えられている。したがって、仏の候補者である菩薩はある時期から女性へ受生しなくなると考えられている。判明しているかぎりを表示するならば、次の表のとおりである。

	仏となるまでに経る時間	女性へ受生しなくなる時期
上座部	四阿僧祇十万劫ないし十六阿僧祇十万劫	四阿僧祇十万劫ないし十六阿僧祇十万劫の最初
説一切有部	三阿僧祇百劫	三阿僧祇劫を経たのち、百劫の最初
大衆部	無量阿僧祇劫	無量阿僧祇劫の最初に願を立てた時
唯識派	三阿僧祇劫	一阿僧祇劫を経たのち、第二阿僧祇劫の最初

上座部においては、菩薩は四阿僧祇十万劫ないし十六阿僧祇十万劫の最初から女性へ受生しなくなると考えられている。上座部の『クッダカ・ニカーヤ』所収の『ジャータカ』に対する伝ブッダゴーサの註釈に次のようにある。

あらゆる支をば、かく具え、菩提へ決定せる士らは、
百コーティもの劫を経て、長期にわたり輪廻しつつ、
無間地獄へ受生せず。同じく、世と世の隙間へも。
焼渇、飢渇をたもつ者、カーラカンジャカとはならず。
悪趣へ受生するにせよ、細かな生類ともならず。
諸人へ受生する際は、彼らは生盲とはならず。
耳の聾することあらず。唖者の同類とはならず。
菩提へ決定せる士らは、女性の状態へは逝かず。
両性具有者、パンダカに、含まるる者とはならず。
無間罪から免れて、すべて所行は浄化され、
邪見に対し親しまず、業のはたらき見据う者。
天趣のうちに住みつつも、無想有情へ受生せず。
浄居の諸天となるはずの、因なるものは見つからず。
正しき士らは出離に向き、生から生へ捉われず、
波羅蜜すべて満たしつつ、世の利の行に向け行ず。[1]

なお、「あらゆる支」とは、①人たること、②性器具備、③原因、④師とのめぐりあい、⑤出家すること、⑥諸徳具備、⑦奉仕、⑧意欲を有することという八法であり、「焼渇、飢渇をたもつ者」とは、餓鬼であり、「カーラカンジャカ」とは、阿修羅であり、「パンダカ」とは、男性同性愛者であり、「無想有情」とは、色界の無想有情天にいる有情であり、「浄居の諸天」とは、色界の浄居天にいる諸天（〝神々〟）である。

したがって、上座部においては、女性の菩薩が存在するとは考えられていない。

説一切有部においては、菩薩は三阿僧祇劫を経たのち、百劫の最初――この時初めて菩薩と呼ばれるようになる――から女性へ受生しなくなると考えられている。説一切有部の『阿毘達磨大毘婆沙論』に次のようにある。

> さらにまた、相〔異熟〕業を修習する時、五つの劣事を捨て、五つの勝事を得る。
> 第一は、〔地獄趣、畜生趣、餓鬼趣という〕悪趣を捨て、つねに〔人趣、天趣という〕善趣へ受生する。
> 第二は、下劣な家柄を捨て、つねに高貴な家柄へ受生する。

第三は、〔女性、シャンダ・パンダカ、無性者、両性具有者という〕非男性の状態を捨て、つねに男性の状態を得る。

第四は、諸根不具を捨て、つねに諸根を具える。

第五は、失念があるのを捨て、つねに自性にもとづく生念（〝前生の記憶〟）を得る。

このことによって本当の菩薩と呼ばれうる。いまだ相〔異熟〕業を修習しない時、これと相違する。それゆえに、本当の菩薩と呼ばれない。[2]

なお、「シャンダ・パンダカ」とは、男性同性愛者である。

したがって、説一切有部においても、女性の菩薩が存在するとは考えられていない。大衆部においては、菩薩は無量阿僧祇劫の最初に願を立てた時から女性へ受生しなくなると考えられている。大衆部の分派のひとつ、説出世部の『マハーヴァストゥ』に次のようにある（文中の「十地」とは、『マハーヴァストゥ』において説かれている十地であって、『十地経』において説かれている十地と異なっている）。


たとえ何らかの時にどうかして、〔菩薩の〕七地にいつつ、聖者をそしることという因ゆえに無間大地獄へ逝くにせよ、〔諸菩薩は〕小地獄へ逝く。大きすぎる身の餓鬼たちへ受生しない。阿修羅たちへ受生しない。細かな畜生へ受生しない。北倶盧〔州〕へ受生しない。女性たることへ逝かない。ヴィパンダカたることへ逝かない。そのように、じつに、あらゆる十地において、あらゆる肢と細肢とによって伴われている、諸根不具でない、男性となるのである。[3]

なお、「ヴィパンダカ」とは、男性同性愛者である。

したがって、大衆部においても、女性の菩薩が存在するとは考えられていない。

唯識派においては、菩薩は第一阿僧祇劫においては男性へも女性へも受生するが、第二阿僧祇劫から第三阿僧祇劫にかけては女性へ受生しなくなると考えられている。唯識派の『瑜伽師地論』本地分中菩薩地菩提品に次のようにある。

女性は無上正等菩提を現等覚しない。それはなぜかというならば、具体的には、菩薩は他ならぬ第一阿僧祇劫を超えることによって女性の状態を捨てるし、菩提座に坐するまでもはや決して女性とならないのである。あらゆる女性は本性として多くの煩悩を有し、弱い慧を有している。そして、本性として多くの煩悩を有している連続体、弱い慧を有している連続体によっては、無上正等菩提を現等覚することは不可能である[4]。

したがって、唯識派においては、女性の菩薩は第一阿僧祇劫のあいだのみ存在すると考えられている。

まとめれば、部派仏教においては、菩薩はかならず男性であると考えられているが、大乗仏教においては、菩薩は初めには男性か女性かであり、のちにはかならず男性となると考えられているのである。現実に、大乗仏教においては、女性名の菩薩もいくらか存在する。

ともあれ、本書において扱われるのは男性である菩薩である。

六　本書の構成

本書において、筆者は八章にわたって菩薩は女性を愛せるかについて確認していく。

本書の構成は次のとおりである。

第一章「仏教は恋愛を容認できるか」においては、仏教において、恋愛が認められているか否かについて確認する。

第二章「菩薩は女性と結婚できるか」においては、仏教において、在家者である菩薩が女性と結婚することが認められているか否かについて確認する。

第三章「菩薩は諸欲を享受できるか」においては、仏教において、出家者／在家者である菩薩が女性と諸欲を享受することが認められているか否かについて確認する。

第四章「菩薩は五欲を享受できるか」においては、仏教において、出家者／在家者である菩薩が女性の五欲を享受することが認められているか否かについて確認する。

第五章「菩薩は女性を直視できるか」においては、仏教において、出家者／在家者である菩薩が女性を直視することが認められているか否かについて確認する。

第六章「菩薩は女性に説法できるか」においては、仏教において、出家者／在家者である菩薩が女性に説法することが認められているか否かについて確認する。

第七章「菩薩は女性を仲介できるか」においては、仏教において、出家者／在家者である菩薩が男性に女性を仲介することが認められているか否かについて確認する。

第八章「菩薩は女性に授胎できるか」においては、仏教において、出家者／在家者である菩薩が女性に授胎することが認められているか否かについて確認する。

結章においては、第一章から第八章にわたる確認にもとづいて、前掲の疑問に対し回答を提示する。

本書において扱われる仏教は、インドにおける、部派仏教と大乗仏教とに限られる。インドにおける、いわゆる密教（タントリズム）は、『大日経』とそれに対する諸註釈とを例外として、扱われない。密教は、たとえ大乗仏教から生まれたにせよ、しだいに大乗仏教からかけ離れていき、だんだん菩薩思想を受け継がなくなっていった。『大日経』は大乗仏教の性格を濃厚にとどめており、『大日経』とそれに対する諸註釈とにおける菩薩思想は大乗仏教における菩薩思想を明確に受け継いでいる。したがって、本書において、筆者は密教については『大日経』とそれに対する諸註釈とを扱うにとどめる。

なお、中国における大乗仏教においては、とりわけ偽経において、特異な菩薩思想が生まれるに至った。本書において、筆者はそれについても傍論としていくつかに言及するにとどめる。

菩薩は女性を愛せるかについての資料は部派仏教と大乗仏教との文献のうちにかならずしも多くは見いだされないが、本書において、筆者は、それらの資料をできるだけ広く収集することによって、これについて確認することに努めたい。部派仏教と大乗仏教との文献はさまざまな人々によって作られており、さまざまな点において互いに異なっているが、それにもかかわらず、部派仏教と大乗仏教との文献のうちに見いだされる、菩薩は女性を愛せるかについての資料は基本的な点において互いに似かよっていることを、読者は諒解するに違いない。

七　本章のまとめ

以上述べてきたように、本書において、筆者は、菩薩は女性を愛せるかという疑問に対し、部派仏教と大乗仏教との文献にもとづきつつ回答を提示する。

大乗仏教の文献については、みずから調べたところが多いが、部派仏教の文献については、国内外の諸先輩による現代語訳を手がかりとして調べたところが多い。とりわけ、上座部の『クッダカ・ニカーヤ』所収の『ジャータカ』に対する伝ブッダゴーサの註釈については、現代日本語によるほぼ完訳である中村元（監修・補注）『ジャータカ全集』全十巻（春秋社、一九八二―一九九一）を通読して、さまざまなことに気づかされた。本書における現代語訳はそれら諸先輩による現代語訳の恩恵を蒙りつつ筆者によって行なわれる。誤訳については筆者が責任を負うものとする。

第一章　仏教は恋愛を容認できるか

一　本章のねらい

恋愛とは、欲（kāma）である。インドにおいて恋愛が欲と見なされていることについては、中村元が次のように指摘している。

> 恋愛は欲をともなっている。だからインドのことばでは恋愛も欲望もともに kāma という語で表現され、両者の間に区別が立てられていない。（中村元［2010: 167］）

本章においては、仏教において、恋愛が認められているか否かについて確認する。

二　不善としての欲／貪

部派仏教においても大乗仏教においても、欲（kāma）は貪（rāga）であると考えられている。たとえば、上座部の『サンユッタ・ニカーヤ』『アングッタラ・ニカーヤ』の偈に次のようにある。

> 世間におけるさまざまな、ものども、それは欲でない。
> 男の裡においてある、思いめぐりの貪が欲。
> 世間におけるさまざまな、ものはそのまま持続する。
> そうであっても賢者らは、それへの欲を制御する。[1]

なお、説一切有部の『雑阿含経』（巻四十八、一二八六経。T2, 354b）『ウダーナ・ヴァルガ』（二一・七）の偈もほぼ同じである。

ともあれ、欲は貪であると考えられている。部派仏教においても、大乗仏教においても、貪は煩悩のひとつであって不善である。

三　不善としての欲邪行

部派仏教においても、大乗仏教においても、次の三つのことばは同義語として用いられている。

婬（maithuna.〝交合〟）
非梵行（abrahmacarya.〝純潔行ならざるもの〟）
二二交会（dvayadvayasamāpatti.〝つがいがつがいに陥ること〟）

そして、欲は、諸欲という複数形である場合、しばしば、婬／非梵行／二二交会を意味していると考えられている。

たとえば、上座部の『ダンマサンガニ』に対する伝ブッダゴーサの註釈に次のようにある。

「諸欲において邪行すること」とは、この場合、「諸欲において」とは、もろもろの婬の行において、である。[2]

さらに、唯識派の『瑜伽師地論』本地分中有尋有伺等三地に次のようにある。

「諸欲において行に陥る」といわれるのは、ここでは、二二交会が「欲」と意図されている。[3]

さて、部派仏教においても大乗仏教においても、不善業（すなわち、悪業）の例として十不善業道（〝十の不善業の道〟）が説かれている。十不善業道とは、次のとおりである。

①害生命（がいしょうみょう）（〝生命を害すること〟。通称：殺生）

②不与取（〝与えられないものを取ること〟。通称：偸盗）
③欲邪行（〝諸欲において邪行すること〟。通称：邪婬）
④虚誑語（〝偽りのことば〟。通称：妄語）
⑤離間語（〝中傷のことば〟。通称：両舌）
⑥麁悪語（〝粗暴なことば〟。通称：悪口）
⑦綺語（〝軽薄なことば〟。通称：綺語）
⑧貪欲（通称：慳貪）
⑨瞋恚（通称：瞋恚）
⑩邪見（通称：邪見）

注意されるべきなのは、十不善業道においては、欲邪行が不善であるが、婬／非梵行／二二交会は不善ではないという点である。

なお、上座部の『ヴィバンガ』に次のようにある。

その場合、身による悪行とは何か。

害生命、不与取、欲邪行である。これが身による悪行と呼ばれるのである。[4]

ここでは、欲邪行は身による悪行であると考えられているが、婬／非梵行／二二交会は身による悪行であると考えられていない。上座部においては、欲邪行は不善であると考えられているが、婬／非梵行／二二交会は不善であると考えられてはいないのである。

四　不善としての婬／非梵行／二二交会

ところが、説一切有部においては、欲邪行が不善であると考えられるのみならず、婬／非梵行／二二交会も不善であると考えられるようになった。

そのことは、もともと、説一切有部の『阿毘達磨集異門足論』において、欲邪行が身による悪行であると考えられていたのみならず、非梵行も身による悪行であると考えられていたことに由来する。同論に次のようにある。

身による悪行とは何か。

回答。害生命、不与取、欲邪行である。

また次に、害生命、不与取、非梵行である。

また次に、もろもろの、不善なる、身による業なるもの、もろもろの、非如理（〃非根源的〃）にもたらされた、身による業なるもの、もろもろの、定（〃集中状態〃）をさまたげる、身による業なるものが、まとめれば、身による悪行と呼ばれるのである。[5]

それゆえに、説一切有部の律蔵である『十誦律』に対する著者不明の註釈『薩婆多毘尼毘婆沙』においては、婬は〔身による〕悪行であると考えられている。

たとえば、比丘が婬を享受することを禁止する、波羅夷（pārājika. 追放罪）の第一学処に対する註釈に次のようにある。

まとめれば、罪を犯すことは三種類である。

第一は、業道の罪を犯すこと、

第二は、悪行の罪を犯すこと、

第三は、学処の罪を犯すことである。

スディンナ〔比丘がかつての妻と婬を享受したの〕は三つの罪のうち悪行の罪を犯すことに該当する。婬は悪法だからである。

業道の罪ではない。〔スディンナ比丘は欲邪行に陥ったのでなく〕みずからの妻〔と婬を享受したの〕だからである。

学処の罪を犯すことではない。〔スディンナ比丘が婬を享受した時、〕ブッダはいまだ学処を制定していらっしゃらなかったからである。

林の中にいた比丘〔が雌猿と婬を享受したの〕は二つの罪を得る。①悪行の罪を得る。婬は悪法だからである。②業道の罪を得る。雌猿は雄猿のものだからである。学処の罪を犯すことにはならない。ブッダはいまだ学処を制定していらっしゃらなかったからである。

これら二比丘はともに〔学処が制定される〕前にやってしまった者と呼ばれる。それゆえに、〔これら二比丘が〕学処の罪を犯すことはない。[6]

さらに、比丘が故意に精液を放つことを禁止する、僧伽婆尸沙（saṃghāvaśeṣa. サンガ裁量余地罪）の第一学処に対する註釈に次のようにある。

　さらに、諸仏の法爾（法性。〝きまりごと〟）として、婬は悪行である。[7]

このように、『阿毘達磨集異門足論』『薩婆多毘尼毘婆沙』においては、婬／非梵行／二二交会は身による悪行であると考えられているのであるが、サンガバドラ『阿毘達磨順正理論』においては、このことにもとづいて、婬／非梵行／二二交会は不善であると考えられるようになった。同論に次のようにある。

　しかるに、非梵行は不善業のうちに包摂されている。[8]

さらに、説一切有部から派生し、説一切有部と三蔵を共有している経量部のハリヴァルマン（訶梨跋摩）『成実論』においても、婬／非梵行／二二交会は不善であると考えられている。同論に次のようにある。

> 婬は決定的な不善と呼ばれる。[9]

以上、上座部においては、欲邪行が不善であると考えられているにすぎないが、説一切有部と経量部とにおいては、婬／非梵行／二二交会も不善であると考えられるようになったのである。

大乗経を支持する諸学派のうちでも、唯識派は説一切有部から派生し、説一切有部と三蔵を共有している。唯識派の『瑜伽師地論』本地分中菩薩地戒品においては、大乗仏教独自の戒である、いわゆる菩薩戒について、菩薩が特殊な場合にのみ敢えて性罪（〝本性として非難されるべきことを伴うもの〟）をやってもよいことが説かれている。同論に次のようにある。

> 菩薩が以下のかたちの方便善巧（〝手だてについての巧みさ〟）によって現行し、違犯なき者となるし、多くの福徳を生ずることになるような、ある性罪すらある。[10]

同論においては、菩薩が特殊な場合にのみ敢えてやってもよい性罪の例として、続けて、害生命、不与取、非梵行、虚誑語、離間語、麁悪語、綺語が挙げられている。唯識派においては、婬／非梵行／二二交会が性罪であると考えられているのである。

そして、唯識派においては、性罪は不善であると考えられている。『瑜伽師地論』摂決択分中声聞地と摂律分（蔵訳。玄奘訳においては摂事分）とに順に次のようにある。

その場合、不善とは、何であれ性罪なるものである。[11]

その場合、性罪とは何かというならば、本性として不善なるものである。[12]

したがって、唯識派においても、婬／非梵行／二二交会は不善であると考えられているとわかる。

なお、『瑜伽師地論』本地分中菩薩地戒品において挙げられている、菩薩が特殊な場合にのみ敢えてやってもよい性罪のうち、婬／非梵行／二二交会については、第三章において確認する。

五　本章のまとめ

本章において確認してきたことを表示するならば、次の表のとおりである。

	欲／貪	欲邪行	婬／非梵行／二二交会
上座部	不善	不善	—
説一切有部	不善	不善	不善
経量部	不善	不善	不善
唯識派	不善	不善	不善

すなわち、仏教において、恋愛とそれによる行為とはおおむね不善であると考えられている。したがって、究極的に言えば、仏教において、恋愛は認められていない。恋愛している在家者も仏教にもとづいて煩悩を断ちきっていくにつれ恋愛から遠ざかって出家者と

なる。序章において確認したように、部派仏教においても大乗仏教においても、聖者はある時期から在家者でいられなくなると考えられているのはそのせいである。

ただし、仏教においては、菩薩が自己抑制と他者救済との両方に取り組むことが考えられている。男性である菩薩は、一方において自己抑制として恋愛から遠ざかりつつ、他方において他者救済として女性に近づかなければならない。そのようなアクロバティックな性格こそが菩薩の特徴である。

次章からは、そのようなアクロバティックな性格を、七章にわたって確認していくことにしたい。

第二章　菩薩は女性と結婚できるか

一　本章のねらい

結婚とは、在家者である男女が夫妻となることである。

仏教においては、結婚は三界のうち欲界のみにあると考えられている。ただし、欲界においても、地獄趣と、四洲（〝四大陸〟。東勝身洲（とうしょうしんしゅう）、西牛貨洲（さいぐかしゅう）、南贍部洲（なんせんぶしゅう）、北拘盧洲（ほくくるしゅう））のうち北拘盧洲の人趣とにはない。

たとえば、十不善業道について、説一切有部の『阿毘達磨大毘婆沙論』に次のようにある（文中の「律儀（りつぎ）」とは、つつしみを、「不律儀（ふりつぎ）」とは、つつしみのなさを意味する）。

質問。どの趣において、どれだけの不善業道が得られるのか。

回答。地獄趣においては、〔⑥麁悪語、⑦綺語、⑧貪欲、⑨瞋恚、⑩邪見という〕後半の五があって、非律儀非不律儀（〝律儀でもないし、不律儀でもないもの〟）のうちに包摂されている。①害生命がないのは、彼らには他者の生命を害することがないからである。「そこにおいては」ないし「悪不善業がいまだ尽きはてないうちは、かならず命終しない」と説かれているとおりである（『起世経』巻三。T1, 322a）。②不与取がないのは、彼らには財を蓄えることがないからである。③欲邪行がないのは、彼らには妻を蓄えることがないからである。④虚誑語と⑤離間語とがないのは、虚誑語を蓄えることがないからであるし、〔離間されるべき〕和合がつねにないからである。⑥麁悪語があるのは、苦受（〝苦の感受〟）によって逼迫されているからである。⑦綺語があるのは、不適切な時に発語しているからである。⑧貪欲、⑨瞋恚、⑩邪見はつぶさにある。いまだ離欲していないからである。

畜生趣と餓鬼趣とにおいては、いずれも十〔不善業道〕があって、非律儀非不律儀のうちに包摂されている。

人趣のうち、〔南贍部洲、東勝身洲、西牛貨洲という〕三洲においては、つぶさに十不善業道があって、あるいは不律儀のうちに包摂され、あるいは非律儀非不律儀のうちに包摂されている。北拘盧洲においては〔⑦綺語、⑧貪欲、⑨瞋恚、⑩邪見という〕後半の四があって、非律儀非不律儀のうちに包摂されている。①害生命がないのは、寿命が千歳と決まっていて、夭折がないからである。さらに、本性として善良であって、決まって昇進するからである。②不与取がないのは、彼らには自己のものと他者のものとを蓄えることがないからである。③欲邪行がないのは、〔彼らには〕妻を蓄えることがないからである。彼は、もし非梵行をなしたい場合、かの女性とともに樹の下に詣でる。もし適切ならば、樹の枝が低く覆って、彼らを結合させる。もし覆わなかったならば、ともに愧じて離れる。④虚誑語がないのは、虚誑語を蓄えることがないからである。⑤離間語がないのは、彼ら有情たちはつねに和合しているからである。⑥麁悪語がないのは、彼らはつねに柔美なことばを説いているからである。⑦綺語があるのは、彼らは不適切な時に歌ったり戯れたりするからである。⑧貪欲、⑨瞋恚、⑩邪見はつぶさにある。いまだ離欲していないからである。

欲界繫の天たちにおいては、つぶさに十不善業道があって、非律儀非不律儀のうちに包摂されている。[1]

さらに、唯識派の『瑜伽師地論』本地分中有尋有伺等三地に次のようにある。

その場合、〔南〕贍部洲、東勝身洲、西牛貨洲という三洲においては、妻を蓄えることと、娶ること迎えることとが設けられる。北拘盧洲においては、我所（〝わがもの〟）がないゆえに蓄えることがないから、彼ら有情たちには、妻を蓄えることがないし、娶ること迎えることがない。三洲におけるように、そのように、大神力ある餓鬼たちと、欲界繫の天たちとにおいても、〔妻を蓄えることと、娶ること迎えることとが設けられるの〕である。――楽化天と他化自在天とに属する諸天を例外として。[2]

『瑜伽師地論』において、楽化天と他化自在天とに属する諸天に、妻を蓄えることと、娶ること迎えることとがないと考えられているのは、おそらく、『十地経』にもとづいている。『十地経』においては、初地以上の菩薩の受生先が次のように説かれている（文中の

「諸天の王大自在」は色界の大自在住処にいると考えられている。『瑜伽師地論』本地分中有尋有伺地。YBh 76, 6–7)。

初地の菩薩：多くは欲界において南贍部洲の王となる。
第二地の菩薩：多くは欲界において四大洲の転輪聖王となる。
第三地の菩薩：多くは欲界において三十三天の王となる。
第四地の菩薩：多くは欲界において夜摩天の王スヤーマとなる。
第五地の菩薩：多くは欲界において覩史多天の王サントゥシタとなる。
第六地の菩薩：多くは欲界において楽化天の王スニルミタとなる。
第七地の菩薩：多くは欲界において他化自在天の王ヴァシャヴァルティンとなる。
第八地の菩薩：多くは色界において千世界を統べる大梵となる。
第九地の菩薩：多くは色界において二千世界を統べる大梵となる。
第十地の菩薩：多くは諸天の王大自在となる。

序章において確認したように、『十地経』においては、第六地以上の菩薩はかならず出家者であると考えられている。それゆえに、『瑜伽師地論』においては、第六地の菩薩、第七地の菩薩が順に王となるべき、楽化天と他化自在天とに属する諸天に、妻を蓄えることと、娶ること迎えることとがないと考えられているのである。

本章においては、仏教において、在家者である菩薩が女性と結婚することが認められているか否かについて確認する。便宜上、前生と、最後の一生とを区別する。

二　在家者である菩薩――前生

部派仏教

部派仏教においては、在家者である菩薩が前生において女性と結婚することは認められている。具体的に言えば、釈迦牟尼仏は前生においてしばしば女性と結婚していたと伝えられている。

釈迦牟尼仏の前生については、諸部派のあいだで互いに伝承が異なっている。ここでは、資料上の制約から、上座部、説一切有部、法蔵部、大衆部における伝承のみを紹介する。

上座部、説一切有部、法蔵部、大衆部においては、釈迦牟尼仏が前世においていつどの仏のもとで発心し、どれだけの諸仏を供養してきたかについて、それぞれ別々の伝承が存在している。ただし、釈迦牟尼仏が前生においてディーパンカラ（Dīpaṃkara. 燃灯）仏によって初めて授記（〝〔仏となることを〕予言〟）されたことはそれら諸部派における伝承に共通している。

釈迦牟尼仏が前生においてディーパンカラ仏によって授記された時を表示するならば、次の表のとおりである。

	釈迦牟尼仏が前生においてディーパンカラ仏によって授記された時
上座部の『ブッダヴァンサ』ほか	四阿僧祇十万劫前
説一切有部の『阿毘達磨大毘婆沙論』（巻百七十八。T27, 892c）	一阿僧祇九十一劫前
法蔵部の『四分律』（巻三十一。T22, 785b）	無数阿僧祇劫前

大衆部の分派のひとつ、説出世部の『マハーヴァストゥ』所収の「ディーパンカラ・ヴァストゥ」	無量阿僧祇劫前

興味ぶかいのは、上座部、説一切有部、法蔵部、大衆部において、釈迦牟尼仏は、前生においてディーパンカラ仏によって授記された時から、しばしば特定の女性と結婚してきたと考えられていることである。なお、この女性は釈迦牟尼仏が最後の一生において結婚した女性でもある。

それらの部派においては、釈迦牟尼仏が、前生においてディーパンカラ仏によって授記された時から、しばしばこの女性と結婚してきたのは、この女性が前生において釈迦牟尼仏に青蓮華を分け与えてディーパンカラ仏に捧げさせ、みずからもディーパンカラ仏に青蓮華を捧げて本願を立てたからであると考えられている。

その前生における釈迦牟尼仏の名と、その前生における女性の名と、最後の一生における女性の名とを表示するならば、次の表のとおりである。

	その前生における釈迦牟尼仏の名	その前生における女性の名	最後の一生における女性の名
上座部の『アパダーナ』所収の「ヤソーダラー・アパダーナ」	スメーダ（Sumedha）	スミッター（Sumittā）	ヤソーダラー（Yasodharā）
説一切有部の『ディヴィヤ・アヴァダーナ』所収の「ダルマルチ・アヴァダーナ」	スマティ（Sumati）	――※	ヤショーダラー（Yaśodharā）
法蔵部の『四分律』（巻三十一。T22, 785c）	メーガ（弥却。*Megha）	スラヴァティー（蘇羅婆提。*Sulavatī）	ゴーピー（瞿夷。*Gopī）
大衆部の分派、説出世部の『マハーヴァストゥ』所収の「ディーパンカラ・ヴァストゥ」	メーガ（Megha）	プラクリティ（Prakṛti）	明言されていないが、文脈上、ヤショーダラー（Yaśodharā）

〔※『ディヴィヤ・アヴァダーナ』においては、前生における女性の名は伝えられていない。ただし、説一切有部の律蔵に準拠している『大智度論』（巻三十五。T25, 316b）においては、前生における女性の名はスラヴァティー（須羅婆。*Sulavatī）と伝えられている。〕

なお、この女性が前生において釈迦牟尼仏に分け与えてディーパンカラ仏に捧げさせた青蓮華の本数はいずれの部派においても五本と伝えられているが、この女性みずからがディーパンカラ仏に捧げた青蓮華の本数は上座部において三本と伝えられ、説一切有部、法蔵部、大衆部において二本と伝えられている。

上座部の『クッダカ・ニカーヤ』所収の『アパダーナ』においては、この女性が最後の一生において前生を回想してみずから語ったことばが伝えられている。同書に次のようにある（文中の「仙」とは、釈迦牟尼仏を指す）。

遡ること、四阿僧祇、十万劫も前のこと、
ディーパンカラなる大勇者、世間の導師が出でました。

辺境にいる者たちは、如来をお招きしてのちに、
満ち足りた意で、そのかたの、来られる道を掃きました。
その時にては、あのかたは、スメーダという婆羅門で、
すべて見たまうかたが入る、道を直しておりました。
その時にては、わたくしは、婆羅門の出の娘にて、
名ではスミッターといい、会へ向かっておりました。
大師にお供えするために、手に青蓮華、八本を、
抱えて、人の会の中、至上の仙を見たのです。
長く慕われ、見つめられ、好かれ、意奪うそのかたを、
見ては、その時、思ったのです。わたくしの生は果がある、と。
その時、しかと見たのです。仙の発趣は果がある、と。
前世の業ゆえ、等覚者へ、わたくしの心は澄みました。
高邁な意を持つ仙へ、ますます、心は澄みました。
「仙よ、この花、差し上げます。上げるべき他者、見つけません。
手にした、五本は御身にあれ、他はわたくしにあれ、仙よ。

仙よ、おん身の証悟のため、これもて、互いに成就あれ。」
花を握ってのち、仙は、近づく、大誉あるかたに、
人の会の中、証悟のため、供えたのです。——大仙は。
ディーパンカラなる大牟尼は、人の会の中、目にとめて、
高邁な意を持つ仙へ、授記したのです。——大勇者は。
今より無量劫の前、ディーパンカラなる大牟尼は、
直きものなる、わが業へ、授記したのです。——大牟尼は。
「同心、同業、同行の、ものに彼女はなるだろう。
業ゆえ、妻になるだろう。汝のために、大仙よ。
見ばえがよいし、好ましい、意に沿い、好ましく語る、
女性は妻になるだろう。——彼の、諸法を継ぐ者に。
あたかも夫君のもとにある、品物箱を守るに似、
諸善法に関しても、これはそうして守るだろう。
彼を気づかいする女性(ひと)が、彼の諸波羅蜜、満たさせよう。
獅子のごとくに、檻(おり)裂きて、菩提へ到達するだろう。」

今より無量劫の前、仏陀がそれを授記したこと、
その語を喜ぶわたくしは、そうする者になりました。[3]

このように本願を立てたことによって、この女性は前生においてしばしば釈迦牟尼仏と結婚するようになった。同書に次のようにある。

幾千コーティ、わたくしは、自分を妻にあげました。
そこに失意はありません。あなたのために、大牟尼よ。[4]

さらに、上座部の『クッダカ・ニカーヤ』所収の『ジャータカ』に対する伝ブッダゴーサの註釈においては、釈迦牟尼仏が前生においてこの女性と結婚していた時の話が少なからず伝えられている（それら、話の一覧についてはG. P. Malalasekera [1938: 744]）。

ただし、上座部においては、釈迦牟尼仏は、前生においてディーパンカラ仏から授記された時から、どの生においてもこの女性と結婚してきたとは伝えられていない。たとえば、上座部の『クッダカ・ニカーヤ』所収の『ジャータカ』に対する伝ブッダゴーサの註釈に

おいては、釈迦牟尼仏が前生においてマガという名のマーナヴァ（〝婆羅門青年〟）となって同じ種姓の女性と結婚し、家にスダンマー、チッター、ナンダー、スジャーターという四女性を置き、死後、シャクラ（帝釈天）となってそれら四女性と結婚したという話が伝えられているが（第三十一話。Kulāvaka-jātaka）、そこにおいては、それら四女性のいずれかがこの女性であったとは伝えられていないのである。

それに対し、説一切有部、法蔵部、大衆部においては、釈迦牟尼仏は、前生においてディーパンカラ仏から授記された時から、どの生においてもこの女性と結婚してきたと伝えられている。

たとえば、この女性が前生において釈迦牟尼仏に青蓮華を分け与えた時のことばとして、説一切有部の説話集『ディヴィヤ・アヴァダーナ』に次のようにある。

続けて少女は言った。「わたくしにとってお金が何の役に立ちましょう。こうしてくださいますなら、わたくしはみ仏（ほとけ）（ディーパンカラ）のために差しあげましょう。──もしあなた様がこれら青蓮華を捧げたまうた結果としてわたくしをどの生においても妻に選んでくださいますなら。この施（せ）を捧げたまう時に、もし『どの生においてもわたしの妻になるであろう』とこのように本願を立ててくださいますなら。[5]」

さらに、この女性が前生において釈迦牟尼仏に青蓮華を分け与えた時のことばとして、法蔵部の『四分律』に次のようにある。

彼女は言った。「マーナヴァよ、どうしてわたくしの物を惜しんだりしましょう。わたくしの父はヤジュニャダッタといい、もとより家財が豊かです。マーナヴァよ、花を買いたいのでしたら、お生まれになるところにおいてつねにわたくしに夫君となってくださることを、わたくしにお誓いいただけますか。[6]」

さらに、この女性が前生において釈迦牟尼仏に青蓮華を分け与えた時のことばとして、大衆部の分派のひとつ、説出世部の『マハーヴァストゥ』に次のようにある。

彼女は言った。「お誓いによっては、五本の青蓮華を差しあげましょう。――もしわたくしを妻に娶ってくださいますなら。お生まれになるどのところにおいても、わたくしはあなた様の妻となるでしょうし、あなた様はわたくしの夫君となるでしょう。[7]」

いずれも意味はわかりやすい。

結局のところ、部派仏教においては、在家者である菩薩が前生において女性と結婚することは、菩薩の欲によらず、女性の本願によると考えられているのである。

大乗仏教

大乗仏教においても、在家者である菩薩が前生において女性と結婚することは認められている。具体的に言えば、釈迦牟尼仏は前生においてしばしば女性と結婚していたと伝えられている。

たとえば、蔵訳のかたちでのみ現存している『ディーパンカラ授記経』においては、釈迦牟尼仏は、前生においてディーパンカラ仏によって授記された時から、どの生においても特定の女性と結婚してきたと伝えられている。なお、この女性は釈迦牟尼仏が最後の一生において結婚した女性でもある。

同経は法蔵部の『四分律』と近い関係にある（静谷正雄［1975］、Junko Matsumura［2011］［2012］）。同経においては、釈迦牟尼仏が、前生においてディーパンカラ仏によって授記された時から、しばしばこの女性と結婚してきたのは、女性が前生において釈迦牟尼仏に青蓮華を分け与えてディーパンカラ仏に捧げさせ、みずからもディーパンカラ仏に青蓮華を捧げて本願を立てたからであると考えられている。

その前生における釈迦牟尼仏の名と、その前生における女性の名と、最後の一生における女性の名とを表示するならば、次の表のとおりである。

	その前生における釈迦牟尼仏の名	その前生における女性の名	最後の一生における女性の名
『ディーパンカラ授記経』	メーガ（sprin. *Megha）	スラヴァティー（bzang len ldan. *Sulavatī）	ゴーピー（sa 'tsho ma. *Gopī）

この女性が前生において釈迦牟尼仏に蓮華を分け与えた時のことばとして、同経に次の

ようにある。

彼女は言った。「もし、わたくしがあちこちに生まれますあらゆる生まれにおいてあなたがわたくしの夫君となってくださいますことを、お誓いいただけますなら、それなら青蓮華を差しあげましょう。[8]」

意味はわかりやすい。

さらに、『ガンダヴューハ』（『大方広仏華厳経』入法界品）においては、釈迦牟尼仏は、前生においてスーリヤガートラプラヴァラ仏を供養した時から、どの生においても特定の女性と結婚してきたと伝えられている。なお、この女性は釈迦牟尼仏が最後の一生において結婚した女性でもある。

同経においては、釈迦牟尼仏が、前生においてスーリヤガートラプラヴァラ仏を供養した時から、どの生においてもこの女性と結婚してきたのは、女性が前生において本願を立てたからであると考えられている。

その前生における釈迦牟尼仏の名と、その前生における女性の名と、最後の一生における女性の名とを表示するならば、次の表のとおりである。

	その前生における釈迦牟尼仏の名	その前生における女性の名	最後の一生における女性の名
『ガンダヴューハ』	テージョーディパティ（Tejodhipati）	スチャリタラティプラバーサシュリー（Sucalitaratiprabhāsaśrī）	ゴーパー（Gopā）

彼女のことばとして、同経に次のようにある。

たとえ無辺の諸生にて、生まれ生まれる、わたくしの、
身がもし限度ないほどに、切り裂かれるであろうとも、
堅固な心のわたくしは、それを忍んでみせましょう。
美形のかたよ、わたくしの、夫君におん身はなりたまえ。[9]

意味はわかりやすい。

さらに、大乗仏教においては、釈迦牟尼仏が前生においてしばしば女性と結婚していたと伝えられているのみならず、ほかの、在家者である菩薩も前生においてしばしば女性と結婚すると考えられている。

たとえば、『二万五千頌般若波羅蜜多』においては、在家者である菩薩は、六波羅蜜多によって増大する場合、父母、妻、息子、親類、縁者を有するようになるが、それは、菩薩乗の者である、良家の息子と良家の娘とが本願を立てるからであると考えられている。同経に次のようにある。

シャーリプトラよ、菩薩摩訶薩が般若波羅蜜多において行じつつ、六波羅蜜多によって増大する時、その時、菩薩乗の者である、良家の息子と良家の娘とは満足の意ある者となる。「われらは彼の父母、妻、息子、親類、縁者となろう。」[10]

意味はわかりやすい。

なお、前述のように、『十地経』においては、第六地以上の菩薩はかならず出家者であると考えられている。それゆえに、大乗仏教においては、第六地以上の菩薩である、在家者である菩薩が女性と結婚することはありえない。この点は注意を要する。

結局のところ、大乗仏教においても、在家者である菩薩が前生において女性と結婚することは、菩薩の欲によらず、女性の本願によると考えられているのである。

三　在家者である菩薩――最後の一生

部派仏教

部派仏教においては、在家者である菩薩が最後の一生において女性と結婚することは認められている。具体的に言えば、釈迦牟尼仏を含め、われわれに直近の諸仏である過去七仏は最後の一生において出家する前に女性と結婚していたと伝えられている。

上座部の『ディーガ・ニカーヤ』に対するブッダゴーサの註釈（DNA vol. II, 422）においては、過去七仏の妻の名が伝えられている。表示するならば、次の表のとおりである。

過去七仏の名	過去七仏の妻の名
①ヴィパッシン（Vipassin. 毘婆尸）	①スダーナー（Sudhānā）
②シキン（Sikhin. 尸棄）	②サッバカーマー（Sabbakāmā）
③ヴェッサブー（Vessabhū. 毘舎浮）	③スチッター（Sucittā）
④カクサンダ（Kakusandha. 倶留孫）	④ローチニー（Rocinī）
⑤コーナーガマナ（Koṇāgamana. 拘那含）	⑤ルチャッガッティー（Rucaggattī）
⑥カッサパ（Kassapa. 迦葉）	⑥スナンダー（Sunandā）
⑦ゴータマ（Gotama. 瞿曇）	⑦ビンバー（Bimbā）

なお、上座部の『ディーガ・ニカーヤ』に対するブッダゴーサの註釈（DNA vol. II, 422）、法蔵部の『長阿含経』大本経（巻一。T1, 3ab）、梵文として現存する所属部派不明の大本経（MAS 79）においては、過去七仏の息子の名も伝えられている。ただし、過去七仏の妻の名が伝えられているのは『ディーガ・ニカーヤ』に対するブッダゴーサの註釈においてのみである。ともあれ、過去七仏がかつて最後の一生において出家する前に女性

と結婚していたことは複数の部派において共通して伝えられていることがわかる。

ここでは、釈迦牟尼仏の妻の名は⑦ビンバーである。ただし、釈迦牟尼仏の妻の名については、上座部において複数の伝承がある。表示するならば、次の表のとおりである。

	釈迦牟尼仏の妻の名
上座部の『クッダカ・ニカーヤ』所収の『ブッダヴァンサ』（Bv 98）	バッダカッチャー（Bhaddakaccā）〔※意味は〝すぐれた黄金色の女性〟。Cf. kañcana.〝黄金〟。〕
上座部の『クッダカ・ニカーヤ』所収の『アパダーナ』	ヤソーダラー（Yasodharā）〔※意味は〝名誉をたもつ女性〟。〕
上座部の『ディーガ・ニカーヤ』に対するブッダゴーサの註釈（DNA vol. II, 422） 上座部の『クッダカ・ニカーヤ』所収の『ジャータカ』に対する伝ブッダゴーサの註釈（*Abbhantarajātaka*, JA vol. II, 392–394; *Supattajātaka*, JA vol. II, 433）	ビンバー（Bimbā）

釈迦牟尼仏の妻の本名はおそらくビンバーであり、バッダカッチャー、ヤソーダラーなどは叙述的な称号であったと考えられている（G. P. Malalasekera［1938: 741-742］）。上座部においては、これらはすべて、釈迦牟尼仏の息子、ラーフラの母を指している。

なお、大衆部においては、諸菩薩には欲想（〝欲の想い〟）が起こらないと考えられている。仏教史書『異部宗輪論』における大衆部の基本説に次のようにある。

諸菩薩には欲想が起こらない。瞋恚想が起こらない。加害想が起こらない。[11]

この点について、大衆部の分派のひとつ、説出世部においては、釈迦牟尼仏は前生においてディーパンカラ仏によって授記された時からすでに貪から離れているのであって、釈迦牟尼仏が最後の一生において出家する前に女性と結婚して息子を儲けたのは、実のところ、世の中への随転（〝臨機応変〟）にすぎないと考えられている。声聞マハーカーシャパに対する声聞マハーカーティヤーヤナのことばとして、説出世部の『マハーヴァストゥ』

に次のようにある。

じつに、きみ、頭陀の法をたもつ者よ、諸菩薩は父母から起こったものとはならない。しかして、じつに、みずからの功徳によって起こった、化生（〝超自然的に生まれたもの〟）となるのである。[12]

しかして、ラーフラは観史多天の身から没してのち、クシャトリヤ（〝王族〟）の娘である、母ヤショーダラーの胎に入ったのである。

きみ、頭陀の法をたもつ者よ、次のように聞かれている。転輪聖王たちは化生であった。具体的には、クスマチューダ、ヘーマヴァルナ、ガーンダルヴァ、スマーラ、ラトナダンダ、スヴィマーナ、アールジャヴァ、マーンダートリ、スナヤ、スヴァストラ、バフパクシャ、トーラグリーヴァ、マニヴィラジャ、パヴァナ、マルデーヴァ、スプリヤ、ティヤーガバット、シュッダヴァンサ、ドゥラーローハ、以上これらを始めとする転輪聖王たちのグループは化生であった。ラーフラバドラ（ラーフラ）はそのようにあるのではない（＝胎生である）[13]。

善逝にある肉体は、婬から起こったものでない。
されども父母を見せたまう。これは世の中への随転。
ディーパンカラよりこのかたは、如来は離貪しているが、
ラーフラ、息子を見せたまう。これは世の中への随転。[14]

ここでは、釈迦牟尼仏は父母の婬から起こったものでなく、化生であって、父母と息子とを見せることは世の中への随転にすぎないと説かれている。『マハーヴァストゥ』においては、釈迦牟尼仏が最後の一生において出家する前に女性と結婚して息子を儲けたのは、実のところ、息子が女性の単性生殖によって生まれたにすぎず、決して、女性との婬／非梵行／二二交会によって生まれたのではないと考えられているのである。

大乗仏教

大乗仏教においては、在家者である菩薩が最後の一生において女性と結婚することは認められている。ただし、あくまで、菩薩によって仮現された変化身（へんげしん）が女性と結婚するにす

ぎず、実のところ、菩薩は女性と結婚しないと考えられている。

たとえば、『方便善巧経』（『大宝積経』大乗方便会）においては、釈迦牟尼仏は最後の一生に先行する前生においてすでに欲から離れていたのであって、最後の一生において女性と結婚したのは女性が前生において本願を立てたからにすぎないし、女性と諸欲を享受したのは変化身が享受したにすぎないし、息子を儲けたのは実のところ見せかけにすぎないと考えられている。同経に次のようにある。

なぜ菩薩は妻を娶るのかというならば——

① 菩薩は欲を目的としていない。それはなぜかというならば、かの正士（菩薩）は、その時、欲から離れているのであるにせよ、菩薩は〝かならず男性である〟と見せてやることを目的としているのである。ある有情である誰かが、菩薩に対し、「男性じゃない。パンダカ（〝男性同性愛者〟）を本性とする者だ」と、そのことを思うであろう。彼らの疑いを断ちきってやる、具体的には、息子としてラーフラを見せてやるために、菩薩は釈迦族の娘ヤショーダラーなどを娶ったのである。誰かが、「ラーフラはカララ（〝受精卵〟）から起こったものだ」と、そのことを把握するならば、そ

のようには見てはならず、ラーフラは天であってのち没してここに生まれたので、父母のカラから起こったものではなく、化生（けしょう）（〝超自然的に生まれたもの〟）と知られるべきである。

② 次に、本願によって釈迦族の娘ヤショーダラーを娶ったのである。ディーパンカラ以来、〔ヤショーダラーは〕「〔菩薩の〕最後の一生のあいだ、あなたの妻となりますように」と願を立て、仏に対し善根を起こしていた。それも偽りとならないので、それゆえに、釈迦族の娘ヤショーダラーを娶ったのである。

③ 次に、これら諸有情は欲の過失を有するまま家の仕事に没入している以上、彼らを棄てて出家することができないゆえに、彼らのためにも菩薩摩訶薩は眷属を持ったのである。

④ 次に、〔ある有情は、〕「このかた（菩薩）はこのような優れた妻という眷属を棄てて出家した以上、われらのごときはどうして出家しないでいられようか」と、そのことを思うようになるのである。

⑤ 次に、菩薩が、菩薩行を行じていた際、ある童女らを成熟させてのち、彼女らはさらに愛敬の意を植えて、「〔菩薩の〕最後の一生のあいだ、わたくしたちはあなた

様の妻となりますように」と願を立てたので、彼女らのそれら諸清白法（〃諸善法〃）をも成熟させてやるために、菩薩は眷属を持ったのである。その場合、菩薩が後宮の中に住してのち、四万二千の女性たちが無上正等菩提へと成熟せしめられたのである。さらに、残りの者たちは〔地獄趣、畜生趣、餓鬼趣という三つの悪趣へと〕堕ちないことという法（〃属性〃）を伴う者にしてもらったのである。この異門（〃見地〃）のためにも、菩薩は眷属を持ったのであるが、貪の焦がれによって焦がされている女性なるもの、彼女もまた菩薩を見て間もなくみずからが貪から離れているのを知るのである。

⑥　次に、菩薩がみずからの形量と同じようにもろもろの変化〔身〕を変化してのち、彼女ら女性たちはそれら変化〔身〕と情欲を享受しつつ、「わたくしたちは菩薩と一緒に情欲を享受しているのだわ」と思うにせよ、菩薩摩訶薩は静慮と定との喜と楽とに住しているのである。この場合、もろもろの変化〔身〕が欲を歓喜し享受することのように、そのように、ディーパンカラよりこのかた、菩薩が欲を享受してきたこととすべても見なされるのである。[15]

前掲のように、大衆部の分派のひとつ、説出世部の『マハーヴァストゥ』においては、ラーフラは天であったのち没して胎生したのであり、化生したのでないと説かれていた。それに対し、『方便善巧経』においては、ラーフラは天であったのち没して化生したのであると説かれている。したがって、この点について、『方便善巧経』は『マハーヴァストゥ』と異なっている。

さらに、『涅槃経』においては、釈迦牟尼仏が最後の一生において出家する前に女性と結婚して息子を儲けたのは、実のところ、世の中への随転（〝臨機応変〟）にすぎないと考えられている。同経に次のようにある。

如来は婬から起こったものではない。〔如来がみずからを〕ラーフラの父たるものとして見せること、みずからの父母を見せることも世の中への随転にすぎない。――天たち、人たち、阿修羅たちによっては、「如来は人に属するものである」と思われているのであるが。[16]

先に確認したように、大衆部の分派のひとつ、説出世部の『マハーヴァストゥ』においいては、釈迦牟尼仏は父母の姪から起こったものでなく、化生であって、父母と息子とを見せることは世の中への随転にすぎないと説かれていた。したがって、この点について、『涅槃経』は『マハーヴァストゥ』と同じである。

なお、前述のように、『十地経』においては、第六地以上の菩薩はかならず出家者であると考えられている。それゆえに、第六地以上の菩薩である、在家者である菩薩が女性と結婚することはありえない。菩薩は最後の一生において第十地の菩薩であるからかならず出家者である。それゆえに、在家者である菩薩が最後の一生において女性と結婚することはありえない。

『十地経』においては、第十地の菩薩は、じつは出家者である菩薩として色界において仏となるのであるが、ほかの有情たちに対しては、かりに在家者である菩薩として欲界において受生してから般涅槃するまでのあらゆることを見せかけると考えられている。同経に次のようにある。

また次に、おお、仏子よ、法雲という菩薩地に住している菩薩は、一つの世界においても、①観史多天（とした）での居住から始めて、②〔観史多天からの〕降下、③〔胎内への〕進入、④胎内での居住、⑤誕生、⑥出家、⑨現等覚、⑩勧請、⑭転大法輪、⑮大般涅槃の地という、あらゆる如来の所作（しょさ）を加持する。――所依（しょえ）である有情たちに応ずるまま、所化（しょけ）である者たちに応ずるまま。

そのように、二つの〔世界〕においても、ないし不可説不可説の世界においても、①観史多天での居住から始めて、②〔観史多天からの〕降下、③〔胎内への〕進入、④胎内での居住、⑤〔胎内からの〕出生、⑥出家、⑨現等覚、⑩勧請、⑭転大法輪、⑮大般涅槃の地という、あらゆる如来の所作を加持する。――所依である有情たちに応ずるまま、所化である者たちに応ずるまま。[17]

したがって、釈迦牟尼仏が最後の一生において出家する前に女性と結婚したことも、じつは、釈迦牟尼仏にとって本体である、第十地の菩薩による見せかけにすぎない。

さらに、『首楞厳三昧経』（しゅりょうごんさんまいきょう）においては、第十地の菩薩に特有の定（じょう）（〝集中状態〟）である、首楞厳三昧に住している菩薩は、じつは出家者である菩薩として色界において仏となるのであるが、ほかの有情たちに対しては、かりに在家者である菩薩として欲界において受生してから女性と結婚することを見せかけると説かれている。同経に次のようにある。

また次に、ドリダマティよ、首楞厳三昧に住している菩薩は〔戒が清浄であるゆえに〕戒を受けないし、彼は戒の法性（ほっしょう）（〝きまりごと〟）から動きもしないが、ほかの有情を調伏するために戒を受けもするし、学処をたもちもする。軌則と所行とを教えもするが、〔告白と懺悔とによって〕違犯から復帰することを知ってもいる。告白と懺悔とをなしもするが、それらすべてについて無違犯の法を伴ってもいる。

彼は有情を成熟させるために欲界へ受生し、転輪聖王（てんりんじょうおう）となってのち、女性の群れによって取り巻かれつつ後宮のうちに住むし、息子、娘、妻によって煩（わずら）わされる家に住みもするが、欲を受用することを現わしもするし、彼は離貪してもいるし、定（じょう）の法性（〝きまりごと〟）に住しているし、戒が清浄であるし、観によって有（う）（〝輪廻的生存〟）を過失と見る者なのである。

ドリダマティよ、それが首楞厳三昧に住している菩薩の、特殊な、戒波羅蜜多の修習であると知られるべきである。[18]

したがって、ここでも、釈迦牟尼仏が最後の一生において出家する前に女性と結婚したことは、じつは、釈迦牟尼仏にとって本体である、第十地の菩薩による見せかけにすぎない。

これらを踏まえ、唯識派においては、在家者である菩薩が最後の一生において出家する前に女性と結婚することは、すべて、変化身による見せかけにすぎないと考えられている。たとえば、『解深密経』に次のようにある。

マンジュシュリーよ、変化身を示現する方便善巧は、あらゆる三千大千仏国土において、増上なる者（王）と称される者か、あるいは、達嚫されるべき者（婆羅門）と称される者かの家における母胎への降下、〔母胎における〕受生、〔母胎からの〕出生、欲の受用、出家、苦行の同時的示現、それ（苦行）の放棄、現等覚という順序を示現することであると見られるべきである。[19]

さらに、アサンガ（無著）『摂大乗論』に次のようにある。

変化身とは、法身に対し能依（のうえ）であるに他ならない。覩史多天（とした）での居住から始めて、〔覩史多天からの〕死没、出生、欲の実行、出家、外道への参加、苦行、現等覚、転法輪、大涅槃を示現するからである。[20]

意味はわかりやすい。

四　本章のまとめ

本章において確認してきたことを表示するならば、次の表のとおりである。

	在家者である菩薩が前生において女性と結婚すること	在家者である菩薩が最後の一生において女性と結婚すること
部派仏教	○	○
大乗仏教	○	○

在家者である菩薩が前生において女性と結婚することは部派仏教においても大乗仏教においても認められている。ただし、在家者である菩薩が前生において女性と結婚することは、しばしば、菩薩の欲によらず、女性の本願によると考えられている。

在家者である菩薩が最後の一生において女性と結婚することは部派仏教においても大乗仏教においても認められている。ただし、大乗仏教においては、あくまで、菩薩によって仮現された変化身が女性と結婚するにすぎず、実のところ、菩薩は女性と結婚しないと考えられている。そこにおいては、在家者である菩薩にすら出家者的性格を認める傾向が窺われる。

第三章　菩薩は諸欲を享受できるか

一　本章のねらい

諸欲とは、婬／非梵行／二二交会である。このことについては、第一章において確認した。

仏教においては、婬／非梵行／二二交会は欲界のみにあると考えられている。色界と無色界とには、男根も女根もない以上、婬／非梵行／二二交会はないと考えられている。

たとえば、説一切有部の『阿毘達磨施設論』世間施設に次のようにある（福田琢［1999:

50]）。

あたかも〔南〕贍部洲の者たちには、非梵行である婬法を享受する場合、二二交会があるように、東勝身洲の者たち、西牛貨洲の者たち、北拘盧洲の者たち、四大王天（四天王）たち、三十三天の者たちにもそのようにある。夜摩天の者たちには、抱きあうだけで熱悩は離れ去る。観史多天の者たちには、手を取るだけで〔熱悩は離れ去る〕。楽変化天の者たちには、ほほ笑みあうだけで〔熱悩は離れ去る〕。他化自在天の者たちには、見つめられただけで熱悩は離れ去る。[1]

さらに、唯識派の『瑜伽師地論』本地分中有尋有伺等三地に次のようにある。

その場合、この、婬を受用することは地獄の有情たちにはすべてまったくありえない。というのも、彼らは、鋭い、さまざまな、長い、絶え間ない苦を体験しているのである。それゆえに、彼ら男性たちには女性に対し女性への欲は起こらないし、女性たちには男性に対し男性への欲は起こらない。どうしてまた互いに二二交会に陥ったりしようか。

畜生たち、餓鬼たち、人たちにおいては、所依（〝身〟）が楽と苦とを撒かれているゆえに、婬に取り組むことがある。さらに、彼らは互いに女性と男性とが二二〔交会〕に陥る。さらに、不浄を放つ。

欲界繋の天たちには、婬に取り組むことはあるが、不浄を放つことはない。出る際は、根門（〝男根／女根の口〟）から、他ならぬ風が出る。その場合、四大王衆天の者たちには、二二交会によって熱悩は離れ去る。あたかも四大王衆天の者たちのように、そのように、三十三天の者たちにも、〔二二交会によって熱悩は離れ去るの〕である。夜摩天の者たちには、互いに抱きあうだけで熱悩は離れ去る。覩史多天の者たちには、互いに手を取るだけで熱悩は離れ去る。楽変化天の者たちには、互いにほほ笑みあうだけで熱悩は離れ去る。他化自在天の者たちには、互いに眼で眼が、思いいれつつ、見つめられただけで熱悩は離れ去る。[2]

本章においては、仏教において、出家者／在家者である菩薩が女性と諸欲を享受することが認められているか否かについて確認する。

二　出家者である菩薩

部派仏教

部派仏教においては、出家者である菩薩が女性と諸欲を享受することは認められていない。

たとえば、上座部の『クッダカ・ニカーヤ』所収の『ジャータカ』に対する伝ブッダゴーサの註釈においては、釈迦牟尼仏が前生において出家者であるハーリタ仙となって王宮において十二年にわたって供養され、たまたま王妃の体を直視してしまった結果、王妃と諸欲を享受してしまい、王から忠告されて慙愧してのち王宮から退いたという話が伝えられている（第四三一話。Hārita-jātaka）。

さらに、同註釈においては、釈迦牟尼仏が前生においてヴェッサンタラ王子となって王宮から追われ、妻子とともに九ヶ月半にわたって出家者となったが、そのあいだ、妻と住まいを共にしなかったという話が伝えられている（第五四七話。Vessantara-jātaka）。

なお、これらの話において、釈迦牟尼仏は、あくまで、出家者である仙となっていたのであって、決して、出家者である比丘となっていたのではない。

部派仏教においては、釈迦牟尼仏は最後の一生において仏となってのち出家者である比丘に波羅提木叉をたもたせたと伝えられているが、波羅提木叉においては、比丘が諸欲を享受することは認められていない。たとえば、上座部の比丘の学処に次のようにある。

> 誰であれ比丘が、諸比丘の学と生活規則（学処）とを具足していつつ、学を捨てずして、無力さを表明せずして、婬法を享受するならば、果ては畜生のたぐいとであっても、波羅夷（pārājika. 追放罪）となる。共に住めなくなる。[3]

ここでは上座部の比丘の学処を挙げたが、ほかの部派の比丘の学処もほぼ同じである。

大乗仏教

大乗仏教においても、出家者である菩薩が女性と諸欲を享受することは認められていない。

たとえば、『方便善巧経』（『大宝積経』大乗方便会）に次のようにある。

良家の息子よ、わたしは思い出す。過去の、無量の劫の彼方のさらに彼方、ジョーティスというマーナヴァカ（〝婆羅門青年〟）がいた。彼が森の中で四万二千年にわたって梵行（〝純潔行〟）を行なってのち、彼が四万二千年を過ごしてサムリッディという王宮に行ってのち、彼がそこの大城に来ると、水汲み女がその素晴らしいマーナヴァカを見てのち欲貪（〝欲の貪り〟）によって心が占められ、そのマーナヴァカの前に身を投げて礼拝した。

すると、良家の息子よ、マーナヴァカであるジョーティスはその女に次のように言った。「妹よ、あなたは何が欲しいのか。」

女は彼に次のように言った。「マーナヴァカよ、わたしはあなた様が欲しいのです。」

彼は彼女に次のように言った。「妹よ、わたしは欲を目的としていない。」

女は彼に次のように言った。「もしわたしがあなた様と結ばれないなら、わたしは死んでしまいます。」

すると、マーナヴァカであるジョーティスは次のように思った。〝わたしが四万二千年のあいだ梵行を行なってのち誓戒を破ることは、わたしにとって分が悪い〟。そう思ってのち、実行によって出立し、その女を捨ててのち、七歩あゆむと、彼は第七歩にとどまりつつ悲(〝同情〟)を生じた。〝わたしは、たとえこの誓戒を破ってのちナーラカ(〝地獄の住民〟)に堕ちることになろうとも、その、ナーラカの苦を味わうことを耐え忍び、この女は死から立ち戻って幸せになれ。〟

良家の息子よ、かの、マーナヴァカであるジョーティスは背後に顔をふり向け、その女を右手で捉えてのち、次のように言った。「妹よ、あなたが欲しいようにしなさい。」

そのあと、マーナヴァカであるジョーティスは十二年のあいだ在家者となってのち、ふたたび出家し、四梵住を起こしてのち、死ぬと梵世間(〝ブラフマー神たちの世間〟)に生まれた。

良家の息子よ、おまえは、その時、その世にて、かの、ジョーティスというマーナヴァカが餘人であったと、そういうふうに見てはならない。それはなぜかというならば、その時、その世にて、わたしこそがマーナヴァカであるジョーティスだったのだ。

ヤショーダラーこそが水汲み女だったのだ。

良家の息子よ、わたしは卑俗な欲に伴われた大悲（だいひ）（〝偉大な同情〟）の心を起こすことによって、一万劫のあいだ輪廻に背を向け、離れたのである。[4]

ここでは、釈迦牟尼仏が、前生において出家者となって女性から欲され、あくまで還俗して在家者となってのち、彼女の欲を受け容れたことが説かれている。なお、この話において、釈迦牟尼仏は、あくまで、出家者である仙となっていたのであって、決して、出家者である比丘となっていたのではない。

大乗仏教においては、出家者である菩薩は、出家者である比丘となっている場合、波羅提木叉をたもっているから、女性と諸欲を享受することは認められていない。

たとえば、大乗仏教独自の戒である、いわゆる菩薩戒について、唯識派の『瑜伽師地論』本地分中菩薩地戒品に次のようにある。

具体的には、〔菩薩との〕非梵行への欲求に苦しめられており、それに心が縛られており、他者の保護下に置かれていない、女性を、在家者である菩薩が婬法によって享受する。〝〔彼女が菩薩への〕怨恨の心を持つようになって、多くの福徳ならざるもの（罪悪）を生じてはいけない。うきうきしながら善根に取り組むことにおいても、不善根を捨てることにおいても、〔彼女は〕従順になるはずだ〟と、他ならぬ憐憫の心を起こして、非梵行である婬法を享受するにせよ、違犯なき者となるし、かつ、多くの福徳を生ずるのである。

しかるに、声聞に対する教えを壊さないことを守っている、出家者である菩薩には、非梵行を享受することはいかなる場合にも割り当てられない。[5]

ここでは、在家者である菩薩が非梵行を享受することは菩薩との非梵行への欲求に苦しめられている女性を助ける場合にのみ認められているが、出家者である菩薩が非梵行を享受することはいかなる場合にも認められていない。なお、『瑜伽師地論』本地分中菩薩地戒品は明らかに『方便善巧経』を踏まえている。

さらに、密教に属する『大日経』に次のようにある。

さらに、欲邪行から退くべきである。彼（菩薩）は、他者の保護下に置かれている

> 妻と、族（うから）と標（しるし）と法との守護下に置かれている者たちとに対し、執着心すら起こさない。ましてや、不適切な器官（肛門、口腔）に交わること、あるいは〔男根、女根という〕二根を交えることはなおさらである。――別の場合に、そのようなことについて行為があるのを例外として。[6]

ここでは、菩薩が欲邪行を享受することは特殊な場合にのみ認められている。ここでの菩薩とは、在家者である菩薩であるが、出家者である菩薩でない。

たとえば、『大日経』に対するブッダグヒヤ（八世紀）の註釈に次のようにある。

> それぞれの項において、〔例外として、〕もろもろの行なわれるべきでないことを〔菩薩に〕許可しているにせよ、在家者の分に属している菩薩たちに〔許可しているの〕であって、出家者〔である菩薩〕たちには、律の文章と相違している以上、否であると菩薩戒品において出ているのである。[7]

菩薩戒品とは、『瑜伽師地論』本地分中菩薩地戒品である。

さらに、『大日経』に対する善無畏（シュバカラシンハ。六三七—七三五）の講義に依拠する、一行『大日経疏』に次のようにある。

しかるに、菩薩は二種類である。

もし出家者（である菩薩）ならば、いかなる「執着心」すら起こしてはならない。どうして「他者の保護下に置かれている」だの、不適切な時だのなどを論じられたりしようか。しかるに、やはり、相状を註解したいと思うゆえに、律においては（「他者の保護下に置かれている」女性たちの種類が）つぶさに言われているのである。

もし在家者である菩薩ならば、みずからの妻について不適切な時など（に交わること）を「欲邪行」と呼ぶのである。『大智度論』における尸羅波羅蜜義（巻十三。T25, 156c）においてつぶさに説かれているとおりである。[8]

なお、次のようにもある。

大本菩薩戒において説かれているとおりである。——

生まれてこのかた、童子となっている者の行を修め、いまだかつて面と向かって女性の容色を見て心を着けないまま、山林修道に当たっている菩薩がいた。のちに十八歳になって、村に入って乞食(こつじき)した。少女がいて、彼の端正で美貌なのを見て、欲心を生じて告白した。「わたしはあなた様に深く欲心を生じました。あなた様が妙行(みょうぎょう)（戒）を行じていらっしゃるのは、まさしくあらゆる者を利益するためです。もしわたしの願いが遂げられないなら、〔わたしは〕たぶん死んでしまいます。あなた様の本願に反して、有情を殺すことになります。」

かの菩薩はさまざまに欲の過失をあげつらったが、彼女はついに〔欲心を〕捨てず、願いがかなわないせいで、ただちに悶絶した。その時、彼女の親たちは思った。「かならず夜叉じゃ。顔かたちが普通の人と異なっておる。わが娘は〔こやつを〕見て地面をいざるようになったが、あるいは〔こやつが〕彼女の精気を奪わなかったであろうか。」

〔親たちは〕ともに刀と杖とを持って〔彼を〕捕縛し、彼を殺そうとした。娘はややあって蘇生したのち、これを見て、ただちにつぶさに父母にわけを告白した。彼らは言った。「娘の過ちじゃ。比丘の罪じゃない。」

ただちに彼を放免した。娘はまた追随してやまなかった。比丘は思った。「もし彼女が求めるところを得なかったならば、〔彼女は〕かならずみずから命を失い、〔地獄趣か、畜生趣か、餓鬼趣かという〕悪趣へ逝くであろう。」

ついに彼女の願いに従って、多くの時にわたって和合した。彼女の欲がわずかに息んだ時を伺って、法によって勧め導き、法の利益を説いてやった。彼女は〔菩薩への〕深い愛敬によってただちに彼の命令に従順となって、ともに梵行（〝純潔行〞）を修め、大いなる法の利益を成しとげた。しかるに、この菩薩は、ただ、大悲と方便とによって、下劣であるにかかわらず、そのことを忍んだにすぎず、決して、欲貪（〝欲の貪り〞）によって牽引されて非法（〝法ならざること〞）をなしたのではなかった。もし〔菩薩が〕大悲によらずただ欲邪行の心によってなすならば、違犯である。これは智と方便とによって伴われていたゆえにそうなったのである。[9]

大本菩薩戒とは、『瑜伽師地論』本地分中菩薩地戒品であるが、内容上、むしろ『方便善巧経』に近い。

このように、『大日経』とそれに対する諸註釈とにおいても、出家者である菩薩が諸欲を享受することは認められていない。

なお、波羅提木叉をたもっている比丘は、いわゆる、婬、盗、殺、妄を行なったなら波羅夷（pārājika. 追放罪）となるが、『大日経疏』においては、菩薩は仏、法、僧、菩提心を捨てたなら波羅夷となるに他ならず、婬、盗、殺、妄を行なったなら波羅夷ではなく偸蘭遮（sthūlātyaya. ひどい逸脱罪）となると説かれている。同疏に次のようにある。

> もし婬、盗、殺、妄を行なっても、ただ道をさまたげることがあるにすぎず、仏となるための根本を絶やすわけではない。ゆえに、ただ偸蘭遮となるだけである。[10]

ただし、菩薩は婬、盗、殺、妄を行なったなら波羅夷ではなく偸蘭遮となるというのは、あくまで、出家者／在家者である菩薩が婬、盗、殺、妄を行なったなら菩薩の波羅夷ではなく菩薩の偸蘭遮となるという意味であって、決して、出家者である菩薩が婬、盗、殺、妄を行なったなら比丘の波羅夷ではなく比丘の偸蘭遮となるという意味ではない。出家者である菩薩が婬、盗、殺、妄を行なったなら比丘の偸蘭遮ではなく比丘の波羅夷となるのである。先に確認したように、『大日経疏』においては、比丘となっている、出家者である菩薩が女性と諸欲を享受することは認められていない。

ともあれ、出家者である菩薩は初めから女性と諸欲を享受しない。彼は、それによって煩悩を断ちきって、仏となるのである。

たとえば、『月灯三昧経』に次のようにある。

> 愚者らは諸欲をきっかけに、卑しい女性を享受する。
> 卑しい場所に通い行き、それにて悪趣へと堕ちる。
> 諸仏は諸欲を讃えない。女性を享受することも。
> これなる、女性という罠は、強い、大いに怖い罠。
> 智者らはそれを遠ざける。蛇の毒でもあるように。
> 女性たちには恃まない。こは菩提への道ならねば。
> あらゆる仏が享受した、菩提への道、修習し、
> その道、修習したのちに、この上もない諸仏となる。[11]

ここでの「菩提」とは、無上正等菩提である。菩薩はあくまで諸欲を享受しない出家者

となってこそ、仏となるのである。

三　在家者である菩薩

部派仏教

部派仏教においては、在家者である菩薩が女性と諸欲を享受することは認められている。上座部においては、在家者である菩薩は最後の一生において出家するまで女性と諸欲を享受すると考えられている。このことは、第一章において確認したように、上座部において、過去七仏がいずれも最後の一生において出家する前に女性と結婚して息子を儲けたと考えられていることからわかる。

説一切有部においても、在家者である菩薩は最後の一生において出家するまで女性と諸欲を享受すると考えられている。菩薩が最後の一生において出家するまで女性と諸欲を享受することについて、『阿毘達磨大毘婆沙論』に次のようにある。

次のように説明する。――菩薩は鋭利な智によって伴われ、功徳と過失との区別をよく観察する。女性たちにもつぶさに功徳と過失とがあるはずである。菩薩は、彼女の功徳を観察することにかけては、諸欲に耽溺する者すべてにまさっているし、彼女の過失を観察することにかけては、不浄観する者すべてにまさっている。彼女の功徳を観察するゆえに、〔菩薩には諸欲を〕享受することがあるのである。[12]

意味はわかりやすい。

大衆部においては、在家者である菩薩は最後の一生の直前である覩史多天（とした）における前生から女性と諸欲を享受しなくなると考えられている。声聞マハーカーシャパに対する声聞マハーカーティヤーヤナのことばとして、大衆部の分派のひとつ、説出世部の『マハーヴァストゥ』に次のようにある。

じつに、きみ、頭陀（ずだ）の法をたもつ者よ、諸菩薩は覩史多天からを始めとして諸欲を享受しない。[13]

善の蓄積があるゆえに、よき意楽（いぎょう）（〝こころざし〟）があるゆえに、最高（たか）き意楽があるゆえに、まったき意楽があるゆえに、諸菩薩は諸欲を享受しない。

欲を欲する者でないゆえに、智を幢（はたほこ）とする者であるゆえに、それ（欲）を彼岸とする者でないゆえに、熱望に近くいる者でないゆえに、諸菩薩は諸欲を享受しない。

聖者であるゆえに、低級な者でないゆえに、善によって浸透されているゆえに、諸菩薩は諸欲を享受しない[14]。

なお、第二章において確認したように、『マハーヴァストゥ』においては、釈迦牟尼仏は前生においてディーパンカラ仏によって授記された時からすでに貪から離れているのであって、釈迦牟尼仏が最後の一生において出家する前に女性と結婚して息子を儲けたのは、実のところ、世の中への随転（〝臨機応変〟）にすぎないと考えられている。『マハーヴァストゥ』においては、在家者である菩薩は最後の一生の直前である覩史多天における前生から女性と諸欲を享受しなくなると考えられているが、少なくとも釈迦牟尼仏については、ディーパンカラ仏によって授記された時からすでに貪から離れていると考えられているのである。

大乗仏教

大乗仏教においては、在家者である菩薩が女性と諸欲を享受することは認められている。たとえば、『二万五千頌般若波羅蜜多』に次のようにある。

そのように言われた際、具寿シャーリプトラは世尊に次のように申し上げた。「ところで、世尊よ、菩薩にはかならず母と父とがいるはずなのでしょうか、妻と息子と親類と縁者とがいるはずなのでしょうか。」

そのように言われた際、世尊は具寿シャーリプトラに次のようにおっしゃった。

「シャーリプトラよ――

Ⅰ　ある菩薩摩訶薩たちには母と父とが、あるいは妻と息子と親類と縁者とがいる。

Ⅱ　ある菩薩摩訶薩たちには初発心から梵行（〝純潔行〟）を採ることがあり、彼らは童子となっている者に他ならずして菩薩行を行ないつつ無上正等菩提を現等覚する。

Ⅲ　さらに、ある菩薩摩訶薩たちは、方便善巧（〝手だての巧みさ〟）によって五欲を受用してのち、出家して、無上正等菩提を現等覚する。たとえば、シャーリプトラよ、うまい手品師、あるいは手品師の弟子が手品をよく学んでいたとする。彼は五欲を現出して、それら五欲によって楽しみ、遊び、仕えられたとする。それについてどう思うか。シャーリプトラよ、かの手品師、あるいは手品師の弟子によって五欲は味わわれ、受用されたことになるであろうか。」

シャーリプトラは言った。「いいえ、そうではありません。世尊よ。」

世尊は言った。「まさしくそのように、シャーリプトラよ、菩薩摩訶薩は諸有情を成熟させるために方便善巧によって五欲を享受する。しかるに、菩薩摩訶薩は五欲によって汚されない。この見地によって、菩薩摩訶薩は諸欲について不賞讃を語る。――『諸欲は燃え盛っている。諸欲は汚れている。諸欲は殺し屋である。諸欲は敵である』と。じつに、そのように、シャーリプトラよ、菩薩摩訶薩は諸有情を成熟させるために五欲を採りいれるのである。[15]」

Ⅰは、女性と諸欲を享受する、在家者である菩薩、Ⅱは、女性と諸欲を享受しない、在家者と出家者とである菩薩、Ⅲは、女性と諸欲を享受しないが、方便善巧によって諸欲を仮現してのち、在家者から出家者となる菩薩である。

IIの場合、在家者である菩薩は、たとえ在家者であっても、出家者と同様に、女性と諸欲を享受しない。このような菩薩がいることは、たとえば、『郁伽長者所問経』(『大宝積経』郁伽長者会)においても説かれている。在家者である菩薩、ウグラ居士(郁伽長者)に対することばとして、同経に次のようにある。

そのように請われると、世尊はウグラ居士に次のようにおっしゃった。「居士よ、この場合、五法によって伴われている、在家者である、家住者である菩薩は出家の学について学ぶ者である。五とは何かというならば――

① 居士よ、この場合、在家者である、家住者である菩薩はためらわないままあらゆるものを喜捨するのであって、一切智者性心(いっさいちしゃしょうしん)(〝すべてを知る者たることを求める心〟)によって伴われており、〔喜捨の〕異熟(いじゅく)(〝むくい〟)を望むことがない。

② また次に、居士よ、在家者である、家住者である菩薩は梵行者(〝純潔行者〟)であり清潔であって、意中においてすら欲を起こさない以上、二つのしるし(男性器、女性器)を交えること、あるいは不適切な器官(口腔、肛門)に交わることについては言うまでもない。

③　また次に、居士よ、在家者である、家住者である菩薩は正性決定（初地）にいまだ触れないまま空なる家に入ってのち、方便によって引発され、四静慮のうちに入定する。

④　また次に、居士よ、在家者である、家住者である菩薩はあらゆる有情を安楽にすることへ結びつけられており、般若波羅蜜多によって出離して精進に着手する。

⑤　また次に、居士よ、在家者である、家住者である菩薩はみずからも正法を保持するし、他者をも正法に結びつける。

居士よ、それら五法によって伴われている、在家者である、家住者である菩薩は出家の学について学ぶ者である。[16]」

なお、このような菩薩がいることは、第四章において紹介するように、『大方広三戒経』（『大宝積経』三律儀会）においても説かれている。

Ⅲの場合、在家者である菩薩は、実のところ女性と諸欲を享受しないまま、諸欲を享受するふりを見せる。このような菩薩がいることは、たとえば、『維摩経』においても説かれている。在家者である菩薩、ヴィマラキールティ居士（維摩居士）について、同経に次のようにある。

妻と息子と召使とを見せているが、つねに梵行者である。眷属に取り巻かれているが、つねに遠離行者である。[17]

ここでは、在家者である菩薩、ヴィマラキールティが、たとえ妻と息子と召使とを見せているにせよ、じつは梵行者——セックスレス——であることが説かれている。

さらに、在家者である菩薩一般について、同経に次のようにある。

後宮だの、踊り子の居並びだのを菩薩は見せているが、同時に、無宿行者として、欲の泥を超えている。[18]

ここでも、在家者である菩薩一般が、たとえ後宮だの、踊り子の居並びだのを見せているにせよ、じつは欲の泥を超えている無宿行者——セックスレスかつホームレス——であることが説かれている。

ヴィマラキールティについて、同経にさらに次のようにある。

欲の過失を見つめさせるためには、あらゆる遊女の館にも入るし、正念・正知を起こさせるためには、あらゆる酒場にも入る。[19]

ここでは、ヴィマラキールティが遊女に欲の過失を見つめさせるために遊女の館に入るし、酒客に正念・正知を起こさせるために酒場に入ることが説かれている。ヴィマラキールティ自身は、たとえ遊女の館に入っても遊女と諸欲を享受したりするわけではないし、たとえ酒場に入っても酒客と諸酒を飲んだりするわけではない。

これと同じことは『涅槃経』においても説かれている。釈迦牟尼仏が前生を回想したことばとして、同経に次のようにある。

あちこちの〔南〕贍部洲において、わたしは遊女たちを救済するために遊女の館に入ることを見せてやったが、わたしには欲の過失も生じなかった。あたかも水の中にある蓮華のように、わたしを諸欲の過失は汚さなかったのである。[20]

ここでは、釈迦牟尼仏が前生において在家者である菩薩となって遊女たちを救済するために遊女の館に入ったが、たとえ遊女の館に入っても遊女と諸欲を享受するわけでなかったことが説かれている。

先の『維摩経』においては、ヴィマラキールティが妻と息子と召使とを見せていることが説かれていたが、じつは、ヴィマラキールティには娘もいた。ヴィマラキールティの娘である美少女、チャンドロータラー（月上）については、『月上女経』においてその活躍が説かれている。チャンドロータラーは求婚者たちによって囲まれながらも欲／貪のむなしさを説いて求婚を突っ撥ねるのであるが、彼女のことばとして、同経に次のようにある。

貴男（きみ）らはかつてあたしの父、あたしは貴男（きみ）らの母でした。
兄弟（はらから）でしたし父でした。母に貪心を起こすは誰？
かつてあたしにみな殺（や）られ、あたしは貴男（きみ）らに斬られたよ。
みなが相手の敵、刺客。なぜ貪心を生ずるの？[21]

ここでは、チャンドローッタラーと求婚者たちとが前世において互いに家族あるいは怨敵となってきた以上、家族あるいは怨敵であるチャンドローッタラーに対し求婚者たちが貪心を生ずるのはおかしいと説かれている。ちなみに、『月上女経』はわが国最古の小説『竹取物語』の粉本であり、チャンドローッタラーはかぐや姫の原型であると考えられている。

第二章において確認したように、『十地経』においては、第七地以下の菩薩は多くは欲界に受生すると考えられているし、本章において確認したように、仏教においては、婬／非梵行／二二交会は欲界のみにあると考えられている。したがって、『十地経』第二地においては、第二地の菩薩が妻と諸欲を享受することが説かれている。ここでの菩薩とは、在家者である菩薩であるが、出家者である菩薩でない。同経に次のようにある。

じつに、次に、欲邪行から離れている者、自己の妻に満足している者、他者の妻を羨望しない者となる。彼（菩薩）は、他者の保護下に置かれている女性たち、他者の妻たち、族（うから）と標（しるし）と法との守護下に置かれている者たちに対し、執着すら起こさない。

ましてや、〔男根、女根という〕二根を交えること、あるいは、不適切な器官（肛門、口腔）に交わることはなおさらである。[22]

ただし、序章において確認したように、『十地経』においては、第六地以上の菩薩はかならず出家者であると考えられている。したがって、在家者である菩薩は遅くとも第六地に入る直前には女性と諸欲を享受しなくなると考えられる。

ともあれ、在家者である菩薩は、たとえ初めは女性と諸欲を享受していたにせよ、のちに諸欲を享受しなくなる。彼は、家を捨て、出家者である菩薩となってのち、仏となるのである。

たとえば、『月灯三昧経』に次のようにある。

諸欲を享受するままに、妻子に愛を生じては、
厭わしき家（や）に居る彼は、上（じょう）菩提をば決して得ず。
火坑のごとく家を捨て、妻子に愛を除去しては、
怖れ、家出る彼らには、この上（じょう）菩提、難（かた）からず。

家の中にて住みて、この、最上菩提が得られたる、
いかなる仏もかつてなし、未来にあらじ、今もなし。[23]

ここでの「上菩提」「最上菩提」とは、無上正等菩提である。在家者であるまま無上正等菩提を得る仏は過去においても未来においても現在においても存在しない。

四　本章のまとめ

本章において確認してきたことを表示するならば、次の表のとおりである。

	出家者である菩薩が女性と諸欲を享受すること	在家者である菩薩が女性と諸欲を享受すること
部派仏教	×	○
大乗仏教	×	○

出家者である菩薩が女性と諸欲を享受することは部派仏教においても大乗仏教においても認められていない。

在家者である菩薩が女性と諸欲を享受することは部派仏教においても大乗仏教においても認められている。ただし、部派仏教においても、大衆部の分派のひとつ、説出世部の『マハーヴァストゥ』においては、在家者である菩薩は最後の一生の直前である覩史多天における前生から女性と諸欲を享受しなくなると考えられている。さらに、大乗仏教においては、在家者である菩薩が初めから女性と諸欲を享受しないことも認められているし、在家者である菩薩が方便善巧な菩薩となってのち女性と諸欲を享受しないまま諸欲を仮現することも認められている。そこにおいては、在家者である菩薩にすら出家者的性格を認める傾向が窺われる。

第四章　菩薩は五欲を享受できるか

一　本章のねらい

五欲（〝五つの、欲の属性〟）とは、甘美な色声香味触（しきしょうこうみそく）である。たとえば、上座部の『アングッタラ・ニカーヤ』に次のようにある。

比丘たちよ、これらが五欲である。五とは何かというならば、

① 眼識（げんしき）によって知られるべき、好ましい、望ましい、意にかない、かたちが愛ら

しい、欲に付されている、染まるべき、色(しき)である。
②耳識(にしき)によって知られるべき、好ましい、望ましい、意にかない、かたちが愛らしい、欲に付されている、染まるべき、声(しょう)である。
③鼻識(びしき)によって知られるべき、好ましい、望ましい、意にかない、かたちが愛らしい、欲に付されている、染まるべき、香(きょう)である。
④舌識(ぜっしき)によって知られるべき、好ましい、望ましい、意にかない、かたちが愛らしい、欲に付されている、染まるべき、味(み)である。
⑤身識(しんしき)によって知られるべき、好ましい、望ましい、意にかない、かたちが愛らしい、欲に付されている、染まるべき、触(そく)である。
比丘たちよ、じつに、これらが五欲である。[1]

五欲は、かならずしも、女性の色声香味触を意味していないが、しばしば、女性の色声香味触を意味している。

本章においては、仏教において、出家者／在家者である菩薩が女性の五欲を享受することが認められているか否かについて確認する。

二　出家者である菩薩

部派仏教

部派仏教においては、出家者である菩薩が女性の五欲を享受することは認められていない。

たとえば、上座部の『クッダカ・ニカーヤ』所収の『ジャータカ』に対する伝ブッダゴーサの註釈においては、釈迦牟尼仏が前生において出家者であるマハーカンチャナ仙となって帝釈天に対し五欲の過患を説いたという話が伝えられている（第四八八話。Bhisa-jātaka)。マハーカンチャナ仙のことばとして、同註釈に次のようにある。

> 打たれ縛らる。諸欲ゆえ。苦と畏は生ず。諸欲ゆえ。
> 主よ、諸欲ゆえ、のぼせては、痴から罪悪業をなす。
> 罪悪法もち、罪悪生み、彼らは身壊れ、地獄へ逝く。

諸仙は五欲に過患を見、ゆえに、諸欲を賞讃せず。[2]

なお、この話において、釈迦牟尼仏は、あくまで、出家者である仙となっていたのであって、決して、出家者である比丘となっていたのではない。

第三章において確認したように、部派仏教においては、釈迦牟尼仏は最後の一生において仏となってのち出家者である比丘に波羅提木叉をたもたせたと伝えられているが、波羅提木叉においては、比丘が諸欲を享受することは認められていない。したがって、比丘が女性の五欲を享受することも認められていない。

大乗仏教

大乗仏教においては、出家者である菩薩が女性の五欲を享受することは、すでに方便善巧な菩薩となっている場合にのみ認められ、いまだ方便善巧な菩薩となっていない場合には認められていない。

たとえば、『八千頌般若波羅蜜多』に次のようにある。

さらに、汝によって魔業（〝魔物のふるまい〟）が洞察されるべきである。というのも、良家の息子よ、罪ぶかい魔（〝魔物〟）がいるのであって、法師（〝説法者〟）である菩薩摩訶薩に色声香味触（五欲）をもたらすのである。――享受し、受用し、近侍するように。そして、この者（法師）はそれら（五欲）を圧倒したのち方便善巧によって享受するし、受用するし、近侍するのである。

しかるに、その場合、良家の息子よ、汝によって、法師である比丘に対し、不信の心が起こされるべきではない。むしろ、次のように心が起こされるべきである。「この者（法師）が知っている方便善巧なるもの、その方便善巧をわたしは知らない。この者（法師）は、有情を調伏することによって、諸有情が善根を入手することを目的として、これら諸法（五欲）を享受するし、受用するし、近侍するのである。というのも、菩薩摩訶薩には、何に対しても、結ぼれ、あるいは障りがないのである。[3]」

ただし、大乗仏教においては、出家者である菩薩は、出家者である比丘となっている場合、波羅提木叉をたもっているから、女性と諸欲を享受しない。したがって、すでに方便善巧な菩薩となっている、出家者である菩薩が女性の五欲を享受することは、決して、女性と諸欲を享受することではない。『方便善巧経』（『大宝積経』大乗方便会）においては、すでに方便善巧な菩薩となっている、出家者である菩薩がある家において女性とひとつの座席を共にしているところをアーナンダによって見られ、釈迦牟尼仏に報告された時、釈迦牟尼仏はその菩薩が女性と諸欲を享受していたのではないことを教え、「アーナンダよ、菩薩乗に立脚している良家の息子が一切智者性心（〝すべてを知る者たることを求める心〟）から離れないまま五欲によって遊戯しており享楽しているのを見た時、アーナンダよ、その時、汝はその正士が如来の五根（眼耳鼻舌身）によって伴われていると知るがよい」と諭している。このことについては、詳しくは、第六章において確認する。

三　在家者である菩薩

部派仏教

部派仏教においては、在家者である菩薩が女性の五欲を享受することは認められている。三蔵やそれに対する註釈においては、過去七仏が最後の一生において在家者である菩薩となって五欲を享受したことが伝えられている。

たとえば、ヴィパッシン仏が在家者である菩薩であったころについて、上座部の『ディーガ・ニカーヤ』大アパダーナ経に次のようにある。

　そこにおいて、じつに、比丘たちよ、ヴィパッシン童子は五欲をもたらされ、〔五欲を〕具える者となっていつつ、愉快に過ごしていたのである。[4]

なお、過去七仏が最後の一生において出家する前に女性と結婚していたことについては、第二章において確認したとおりである。

大乗仏教

大乗仏教においても、在家者である菩薩が女性の五欲を享受することは認められている。

在家者であるダルモードガタ（曇無竭）菩薩について、『八千頌般若波羅蜜多』に次のようにある。

さらに、そこでは、ダルモードガタ菩薩摩訶薩は、眷属を伴い、六万八千の女性たちといっしょに、五欲によって満たされ、伴われている状態で、遊んでおり、楽しんでおり、愉快に過ごしているのである。その城市に住まう者たちである、ほかの諸有情——男性、女性——なるもの、彼らすべても園林と蓮池とにおいてつねに歓喜し、五欲によって満たされ、伴われている状態で、遊んでおり、楽しんでおり、愉快に過ごしているのである。

しかるにまた、かのダルモードガタ菩薩摩訶薩は、眷属とともに、その時のあいだは、遊んでいるし、楽しんでいるし、愉快に過ごしているが、そののちは、三回、般若波羅蜜多を説示しているのである。

六万八千の女性たちと同居しているダルモードガタ菩薩はとんでもないプレイボーイに見えるが、彼はあくまで在家者である以上、たとえ他者の保護下に置かれていない六万八千の女性と婬を享受したとしても、欲邪行を行なったことにならない。

このような、在家者である菩薩も、もし無上正等菩提に対し不退（〝退かない状態〟）である菩薩となったならば、諸欲に対し、大きな愛着、あるいは願望は起こらなくなるし、五欲を求めない者となる。彼は、たとえ諸欲を享受するにせよ、厭離の想いある者、恐怖の想いある者として享受する。『八千頌般若波羅蜜多』に次のようにある。

また次に、スブーティよ、不退である菩薩摩訶薩は名を重んずる者とならないし、称讃、名声、名聞を重んずる者とならないし、名にこだわらない。彼は動揺させられない心の持ち主となるし、あらゆる諸有情に対し貢献の心の持ち主となる。彼は、行ってくるにせよ、帰ってくるにせよ、迷乱させられない心の持ち主として行ってくるし、迷乱させられない心の持ち主として帰ってくる。正念の持ち主に他ならずして行ってくるし、正念の持ち主に他ならずして帰ってくる。

もし彼が家に住まう場合、彼には、諸欲に対し、大きな愛着、あるいは願望は起こらない。彼は厭離の想いある者に他ならずして諸欲を受用する。彼は恐怖の想いある者に他ならずして諸欲を受用する。

たとえば、スブーティよ、盗賊が出る森の道にいて食事をする男は、畏怖の想いある者に他ならずして食事をするであろうし、遁走の想いある者に他ならずして食事をするであろう。「いったい、いつ自分はこの盗賊が出る森の道から抜け出すのだろう」

と、そういう想いある者として、不安なまま食事をするのである。まさにそのように、スブーティよ、不退である諸菩薩摩訶薩は、家に住まいつつ、あれこれの諸欲を受用するが、それぞれに対し、求めない者に他ならず、耽らない者に他ならず、執着しない者に他ならずして、諸欲を受用するのである。

さらに、彼らは、かたちが愛らしい、かたちがこころよい五欲を求めない者に他ならないのである。

彼らは、家に住まいつつ、〔みずからと〕等しいものと等しくないかたちでは生計を図らない。他ならぬ法によって生計を図るのであって、非法によってでもない。〔むしろ〕死へ近づくが、決して、他者たちに攻撃をなさない。それはなぜかというならば、具体的には、かの正しき士によって、大なる士によって、過ぎたる士によって、まされる士によって、麗しき士によって、牛王のごとき士によって、気高き士によって、雄雄しき士によって、雄牛のごとき士によって、荷牛のごとき士によって、紅蓮華のごとき士によって、白蓮華のごとき士によって、駿馬のごとき士によって、象のごとき士によって、獅子のごとき士によって、去勢牛の御者のごとき士によって、あらゆる諸有情は最高の楽へ結びつけられるべきなのである。じつに、このように、スブーティよ、菩薩摩訶薩は家に住まうのである。すなわち、般若波羅蜜多の力の発起に到達しているゆえに、というふうに。

スブーティよ、この行相（〝やりかた〟）、このしるし、このきっかけによっても伴われている諸菩薩摩訶薩は無上正等菩提に対し不退であると記憶されるべきである。[6]

『八千頌般若波羅蜜多』においては、在家者である菩薩が不退である菩薩となってのちもいまだ諸欲を享受することが説かれているが、『二万五千頌般若波羅蜜多』においては、在家者である菩薩が不退である菩薩となってのちはもはや方便善巧（〝手だての巧みさ〟）によって五欲を仮現するだけとなり、五欲を享受せず、つねに梵行者（〝純潔行者〟）となることも説かれている。『二万五千頌般若波羅蜜多』に次のようにある。

また次に、スブーティよ、不退である菩薩摩訶薩は、家に住まいつつ、方便善巧によって、諸有情を成熟させるために、五欲を示しだすし、あらゆる諸有情に施を施すし、食べものを求める者に食べものを、飲みものを求める者に飲みものを、しまいには、それぞれ人の生活用品を施す。彼はみずからも施波羅蜜多において行ずるし、他者にも施波羅蜜多において受持させるし、施波羅蜜多について賞讃を語るし、ほかの、施波羅蜜多において行じている者たち、その者たちについて賞讃を語る者、賛成する者となる。そのように、戒波羅蜜多、忍辱波羅蜜多、精進波羅蜜多、静慮波羅蜜多においても〔行ずるの〕である。彼はみずからも般若波羅蜜多において行ずるし、他者にも般若波羅蜜多において受持させるし、般若波羅蜜多について賞讃を語るし、ほかの、般若波羅蜜多において行じている者たち、その者たちについて賞讃を語る者、賛成する者となる。

さて、次に、スブーティよ、かの、不退である菩薩摩訶薩は、家に住まいつつ、〔南〕贍部洲を七宝で満たしてのち、施を施す。そのように、四洲を有する〔一〕世界、千世界、二千世界（〝千×千の世界〟）、しまいには、三千大千世界（〝千×千×千＝大千の世界〟）を七宝で満たしてのち、施を施す。しかし、五欲を受用せず、つねに梵行者となる。さらに、何らかの強圧の行相（〝やりかた〟）によって他者が不満足の意を有するようになるような、強圧の行相を誰にも起こさない。

スブーティよ、不退である菩薩摩訶薩はこの行相（〝やりかた〟）、このしるし、このきっかけによっても伴われていると知られるべきである。[7]

初めは五欲を享受していた在家者である菩薩もしまいには女性の五欲を享受しなくなって梵行者――セックスレス――となるのである。彼は、ここまで来たのちは、家を捨て、出家者である菩薩となるだけである。

なお、在家者である菩薩が初めから女性の五欲を享受しないことも認められている。『大方広三戒経』（『大宝積経』三律儀会）に次のようにある。

カーシャパよ、三法によって伴われている在家者である菩薩は、在家地に住してのち、無上正等菩提を現等覚するまでのあいだ、決して五欲を受用しなくなるような、そのような善根を起こすのである。三とは何かというならば――

〔1〕カーシャパよ、この場合、在家者である菩薩は〔①離害生命（〃生命を害することから離れること〃）、②離不与取（〃与えられないものを取ることから離れること〃）、③離欲邪行（〃諸欲において邪行することから離れること〃）、④離虚誑語（〃偽りのことばから離れること〃）、⑤離飲諸酒（〃諸酒を飲むことから離れること〃）という〕五学処によって伴われている。彼は他者にも欲に対する賞讃をなさないし、女性と行動す

る者ではないが、自利と結びつけられているのであって、「わたしは女性を享受することにうんざりだ。わたしが無上正等菩提を現等覚するまでのあいだ、それら五欲と結びつきませんように」と、心をも起こすのである。カーシャパよ、この第一の法によって伴われている在家者である菩薩は、無上正等菩提を現等覚するまでのあいだ、決して五欲を受用しないのである。

〔2〕また次に、カーシャパよ、在家者である菩薩は、これら、このような諸経典を聴いてのち、信を起こして、さらに、信じてのち、求めるのである。また次に、カーシャパよ、これら、このような諸経典は、受け取られがたいのに、受け取られるようになる。〔彼は、〕むしろ、教授するし、着手させるのである。また次に、カーシャパよ、何らかの者が〔、彼から〕、これら、このような諸法を聴いてのち、無辺なる、悔のあるところを除き去るようになる場合、彼は、その善根によって、さまたげのない弁才と、解き放たれた弁才とによって伴われるようになる。没した後か、没する前かに、諸如来をすぐさま見るようになる。さらに、没したのちに天界世間へ行くようになる。「無上正等菩提から遠い」と知られるべきではない。カーシャパよ、この第二の法によって伴われている在家者である菩薩は、無上正等菩提を現等覚するまでの

あいだ、五欲を受用しないのである。

〔3〕　また次に、カーシャパよ、在家者である菩薩はあらゆる善根を無上正等菩提へ迴向するのである。彼は色に歓喜する者ではなく、声に歓喜する者ではなく、香に歓喜する者ではなく、味に歓喜する者ではなく、触に歓喜する者ではなく、受用に歓喜する者ではなく、自在天に歓喜する者ではなく、眷属に歓喜する者ではない。彼は無為心（〝無為を求める心〟）の者、無為を異熟（〝むくい〟）とする者となってのち、すみやかに無上正等菩提を現等覚するのであり、無上正等菩提を現等覚するまでのあいだ、五欲を受用しない。カーシャパよ、この第三の法によって伴われている在家者である菩薩は、無上正等菩提を現等覚するまでのあいだ、五欲を受用しないのである。

その場合、このことが言われる。——

在家の者は五学処を、護ること等をよく護り、

女性たちには会うを捨て、それを厭って逃れ去る。

これら、このような諸法を、求めることに飽くことなく、

およそ悔のあるところなる、それらを彼はすぐ除く。

諸善法なるすべてをも、菩提のために迴向する。

その善根により彼は、五欲をすぐに斥ける。
つねに多聞の者となる。悲をまさしくも起こしてのち、
生類たちに法を説き、菩提への道、求めゆく。
それゆえ、このようなるを聴き、すぐれた希望、起こしたまえ。
欲をば享受したまうな、法輪、すぐに転じたまえ。[8]

意味はわかりやすい。

在家者である菩薩が初めから女性の五欲を享受しないことはやや極端に感じられるかもしれないが、第三章において確認したように、大乗仏教においては、在家者である菩薩が、たとえ在家者であっても、出家者と同様に、女性と諸欲を享受しないことが認められている。

このことに関連して、大乗仏教においては、菩薩が女性と交際しないことが、しばしば、出家者である菩薩と在家者とである菩薩との両者について説かれている。たとえば、『華手経』に次のようにある。

シャーラドヴァティープトラよ、これら四法は無上正等菩提を現等覚することを欲する菩薩摩訶薩によって放棄されるべきである。四とは何かというならば――

〔1〕シャーラドヴァティープトラよ、菩薩摩訶薩によって悪伴侶（〝悪い連れ〟）が放棄されるべきである。

〔2〕シャーラドヴァティープトラよ、菩薩摩訶薩によって女性との交際が放棄されるべきである。

〔3〕〔シャーラドヴァティープトラよ、〕菩薩摩訶薩によってニルグランタ（〝離繫外道〟）の言説とローカーヤタ（〝順世外道〟）の典籍とが放棄されるべきである。

〔4〕シャーラドヴァティープトラよ、菩薩摩訶薩によって邪見への陥入が放棄されるべきである。

シャーラドヴァティープトラよ、それら四法が無上正等菩提を現等覚することを欲する菩薩摩訶薩によって放棄されるべきである。[9]

意味はわかりやすい。

四　本章のまとめ

本章において確認してきたことを表示するならば、次の表のとおりである。

	出家者である菩薩が女性の五欲を享受すること	在家者である菩薩が女性の五欲を享受すること
部派仏教	×	○
大乗仏教	○（すでに方便善巧な菩薩となっている場合） ×（いまだ方便善巧な菩薩となっていない場合）	○

出家者である菩薩が女性の五欲を享受することは部派仏教においては認められていないが、大乗仏教においては、すでに方便善巧な菩薩となっている場合にのみ認められ、いまだ方便善巧な菩薩となっていない場合には認められていない。

在家者である菩薩が女性の五欲を享受することは部派仏教においても大乗仏教において

も認められている。ただし、大乗仏教においては、実のところ、在家者である菩薩が方便善巧な菩薩となってのち女性の五欲を享受しないまま五欲の享受を仮現することも認められているし、在家者である菩薩が初めから女性の五欲を享受しないことも認められている。そこにおいては、在家者である菩薩にすら出家者的性格を認める傾向が窺われる。

第五章　菩薩は女性を直視できるか

一　本章のねらい

直視とは、目で相（〝標的〟）をつかむことである（後出）。

本章においては、仏教において、出家者／在家者である菩薩が女性を直視することが認められているか否かについて確認する。

二　出家者である菩薩

部派仏教

部派仏教においては、出家者である菩薩が女性を直視することは認められていない。

たとえば、上座部の『クッダカ・ニカーヤ』所収の『ジャータカ』に対する伝ブッダゴーサの註釈においては、釈迦牟尼仏が前生において出家者である某仙となって王宮において十六年にわたって供養され、たまたま王妃の体を直視してしまった結果、王妃に横恋慕してしまい、王妃から忠告されて慙愧してのち王宮から退いたという話が伝えられている（第六十六話。Mudulakkhaṇa-jātaka）。

さらに、第三章において言及したように、同註釈においては、釈迦牟尼仏が前生において出家者であるハーリタ仙となって王宮において十二年にわたって供養され、たまたま王妃の体を直視してしまった結果、王妃と諸欲を享受してしまい、王から忠告されて慙愧してのち王宮から退いたという話も伝えられている（第四三一話。Hārita-jātaka）。

なお、これらの話において、釈迦牟尼仏は、あくまで、出家者である仙となっていたのであって、決して、出家者である比丘となっていたのではない。

部派仏教においては、釈迦牟尼仏は最後の一生において仏となってのちニカーヤ／阿含経のうちに含まれている教法を説いたと伝えられているが、そこにおいては、出家者である比丘が女性を直視することは認められていない。たとえば、上座部の『ディーガ・ニカーヤ』大般涅槃経に次のようにある。


「われわれは女性に対しどのように行動したらよいでしょうか。」

「見ないことだ、アーナンダよ。」

「世尊よ、見てしまった場合、どのように行動したらよいでしょうか。」

「話さないことだ、アーナンダよ。」

「ですが、話しかけられてしまった者は、どのように行動すべきでしょうか。」

「その場合、じっとしているべきだ。[1]」


さらに、上座部の『アングッタラ・ニカーヤ』に次のようにある。

さらにまた、婆羅門よ、この世で、ある沙門あるいは婆羅門は正しい梵行者（〝純潔行者〟）であるのを自認しており、女性と一緒に二二交会に陥らないし、女性を撫でたり擦ったり洗ったりシャンプーしたりすることを享受もしないし、女性と一緒に笑いさざめいたり遊んだり楽しんだりもしないが、しかしながら、女性の目を、目で思い入れ、見つめる。彼はそれを味わい、それを欲する。

婆羅門よ、これもやはり梵行（〝純潔行〟）にとって瑕瑾でもあるし、欠陥でもあるし、斑点でもあるし、汚点でもある。

婆羅門よ、この者は婬という結（〝束縛〟）と結びつけられているし、不浄な梵行を行じているし、生、老死、愁い、嘆き、苦しみ、憂い、悩みから解脱していないと言われる。苦から解脱していないとわたしは説く。[2]

さらに、バックラ上座のことばとして、上座部の『マッジマ・ニカーヤ』バックラ経に次のようにある。

具寿よ、わたしが出家してから八十年というもの、家の中で坐る者であった憶えはない。

〔……同前……〕家の中で享受する者であった憶えはない。

〔……同前……〕女性についてこと細かに相（〝標的〟）をつかむ者であった憶えはない。

〔……同前……〕果ては四句でできた偈すら、女性に法を説く者であった憶えはない。

〔……同前……〕比丘尼の住まいに近づく者であった憶えはない。

〔……同前……〕果ては四句でできた偈すら、比丘尼に法を説く者であった憶えはなく、式叉摩那に法を説く者であった憶えはなく、沙弥尼に法を説く者であった憶えはない。[3]

なお、説一切有部の『中阿含経』未曾有法品、薄拘羅経（巻八。T1, 475b）もほぼ同じである。

バックラ上座が「女性についてこと細かに相（〝標的〟）をつかむ者であった憶えはない」と言っているのは、もともと、ブッダが「眼によって色を見てのち、相（〝標的〟）をつかむ者となってはならない」と説いていたからである。ピンドーラ・バーラドヴァージャ比丘がウデーナ王に伝えたブッダのことばとして、『サンユッタ・ニカーヤ』に次のようにある。

> さて、比丘たちよ、おまえたちは〔眼耳鼻舌身という〕諸根（諸器官）について入り口が守られた者として過ごしなさい。眼によって色を見てのち、相（〝標的〟）をつかむ者となってはならない。こと細かなものを把握する者となってはならない。というのも、この、眼根がつつしまれないまま過ごしている者には、貪欲、憂というもろもろの罪悪なる不善法が流れ込むのである。それ（眼）をつつしむために行動しなさい。眼根を護りなさい。眼根についてつつしみに至りなさい。[4]

結局のところ、出家者である比丘たちは、たとえ女性に出くわしたにせよ、あたかも近親者である女性を見つめないように、そのように、あらゆる女性を見つめないことを推奨されるのである。やはりピンドーラ・バーラドヴァージャ比丘がウデーナ王に伝えたブッダのことばとして、『サンユッタ・ニカーヤ』に次のようにある。

> さて、比丘たちよ、おまえたちは母くらいの者たちには〝母だ〟という心を起こしなさい。姉妹くらいの者たちには〝姉妹だ〟という心を起こしなさい。娘くらいの者たちには〝娘だ〟という心を起こしなさい。[5]

なお、説一切有部の『雑阿含経』一一六五経（巻四十三。T2, 311a）もほぼ同じである。

大乗仏教

大乗仏教においても、出家者である菩薩が女性を直視することは認められていない。たとえば、『正法念処経』／『諸法集要経』に次のようにある。

> 描かれた女性であろうとも、それは目ですら観られない。
> 欲を断ちきり諦を見た、斯く、解脱者と称される。[6]

さらに、女性を見たがることも認められていない。同経に次のようにある。

利得と尊敬求めたり、いろんな境を好んだり、

女性を見るのを望む者。彼は比丘でも居士でもない。[7]

出家者である菩薩については、『法華経』にも次のようにある。

女性をしばしば見たがる者となりもしない。[8]

ちなみに、おそらくこれら諸経にもとづいてであろうが、中国においては、現実に、幾人かの出家者が女性を直視しなかったことが伝えられている。具体的には、道宣『続高僧伝』（巻十九、習禅篇、道林伝、智満伝。T50, 579c; 583c）において道林（?—六二四）、智満（五五一—六二八）が、王日休『龍舒増広浄土文』（善導伝。T47, 266c）において善導（六一三—六八一）が、賛寧『宋高僧伝』（巻五、義解篇、澄観伝。T50, 737c）において澄観（七三八—八三九）がそれぞれ女性を直視しなかったことが伝えられている。彼らは、出家者である菩薩として、出家者に対する釈迦牟尼仏の教えを実践したのである。

ちなみに、道元『正法眼蔵』礼拝得髄（DZZ3, 215–216）においては、中国において「生々世々ながく女人をみることなからん」と願った出家者が批判されているが、この出家者が誰であるかは実のところ不明である。少なくとも、上記のような、中国において女性を直視しなかった幾人かの出家者は、あくまで、今生において女性を直視しなかったにすぎず、決して、どの生においても永遠に女性を直視しないことを願ったわけではない。

三　在家者である菩薩

部派仏教

部派仏教においては、在家者である菩薩が女性を直視することは認められている。諸部派の三蔵とそれに対する註釈とにおいては、在家者である菩薩が女性を直視することはまったく禁じられていない。

大乗仏教

大乗仏教においても、在家者である菩薩が女性を直視することは認められている。大乗経とそれに対する註釈とにおいては、在家者である菩薩が女性を直視することはまったく禁じられていない。ただし、前掲の『正法念処経』／『諸法集要経』にあるように、居士、すなわち、在家者である菩薩が女性を見たがることはかならずしも認められていない。

四　本章のまとめ

本章において確認してきたことを表示するならば、次の表のとおりである。

	出家者である菩薩が女性を直視すること	在家者である菩薩が女性を直視すること
部派仏教	×	○

大乗仏教
×
○

出家者である菩薩が女性を直視することは部派仏教においても大乗仏教においても認められていない。

在家者である菩薩が女性を直視することは部派仏教においても大乗仏教においても認められている。ただし、大乗仏教においては在家者である菩薩が女性を見たがることはかならずしも認められていない。そこにおいては、在家者である菩薩にすら出家者的性格を認める傾向が窺われる。

第六章　菩薩は女性に説法できるか

一　本章のねらい

説法とは、教法を説くことである。

本章においては、仏教において、出家者／在家者である菩薩が女性に説法することが認められているか否かについて確認する。

二　出家者である菩薩

部派仏教

　部派仏教においては、出家者である菩薩が女性に説法することは認められている。たとえば、上座部の『クッダカ・ニカーヤ』所収の『ジャータカ』に対する伝ブッダゴーサの註釈においては、釈迦牟尼仏が前生において出家者である某仙となって王子の妃に説法したという話が伝えられている（第二三四話。Asitābhu-jātaka）。なお、この話において、釈迦牟尼仏は、あくまで、出家者である仙となっていたのであって、決して、出家者である比丘となっていたのではない。

　部派仏教においては、出家者である比丘が女性に説法することは、あらぬ疑いをかけられる恐れがあるという観点から、あまり積極的に考えられていない。釈迦牟尼仏は最後の一生において仏となってのち出家者である比丘に波羅提木叉をたもたせたと伝えられているが、波羅提木叉においては、その場にことばを理解できる男性が同席していないかぎり、出家者である比丘が女性に五、六語以上によって説法することは許されていない。たとえば、上座部の比丘の学処に次のようにある。

> 誰であれ比丘が女性に五、六語以上によって法を説くならば、〔ことばを〕理解できる男性の身が〔その場に同席して〕いる場合を例外として、波逸提（pācittiya. 堕落罪）である。[1]

ここでは上座部の比丘の学処を挙げたが、ほかの部派の比丘の学処もほぼ同じである。

さらに、部派仏教においては、出家者である比丘が女性に説法することは、女性に対し欲／貪を起こす恐れがあるという観点からも、あまり積極的に考えられていない。たとえば、第五章において確認したように、バックラ上座のことばとして、上座部の『マッジマ・ニカーヤ』バックラ経に次のようにある。

> 具寿よ、わたしが出家してから八十年というもの、家の中で坐る者であった憶えはない。

〔……同前……〕家の中で享受する者であった憶えはない。

〔……同前……〕女性についてこと細かに相（〝標的〟）をつかむ者であった憶えはない。

〔……同前……〕果ては四句でできた偈すら、女性に法を説く者であった憶えはない。

〔……同前……〕比丘尼の住まいに近づく者であった憶えはない。

〔……同前……〕果ては四句でできた偈すら、比丘尼に法を説く者であった憶えはなく、式叉摩那に法を説く者であった憶えはなく、沙弥尼に法を説く者であった憶えはない。（第五章において既出）

以上、部派仏教においては、出家者である比丘が女性に説法することは、あらぬ疑いをかけられる恐れがあるという観点から、あるいは女性に対し欲／貪を起こす恐れがあるという観点から、あまり積極的に考えられていないのである。

大乗仏教

大乗仏教においても、出家者である菩薩が女性に説法することは認められている。ただし、そのことはやはりあまり積極的に考えられていない。

まず、大乗仏教においては、出家者である菩薩が女性に説法することは、あらぬ疑いをかけられる恐れがあるという観点から、あまり積極的に考えられていない。そもそも、大乗仏教においては、出家者である菩薩は、出家者である比丘となっている場合、波羅提木叉をたもっているから、その場にことばを理解できる男性が同席していないかぎり、女性に五、六語以上によって説法することは許されていない。

たとえば、シャーンティデーヴァ（寂天。七世紀後半）『入菩提行論』（五・八八―八九）に次のようにある。

法を説かざれ、不敬の者、自足者、頭巻きたる者、
傘、杖、武器を伴う者、頭覆われたる者に。
深大なるを弱者らに。男性なしに女性らに。
大と小との諸法には、等しく尊重なしたまえ。[2]

ここで「法を説かざれ」と列挙されている者たちのうちいくつかは部派の波羅提木叉に

準拠している。たとえば、説一切有部の比丘の学処に次のようにある。

誰であれ比丘が女性に五、六語以上によって法を説くならば、〔ことばを〕理解できる男性が〔その場に同席して〕いる場合を例外として、波逸提である。[3]

病（やまい）でないのに〔頭〕覆われたる者に法を説くまい、と学がなされるべきである。[4]

病でないのに頭（あたま）巻きたる者に法を説くまい、と学がなされるべきである。[5]

病でないのに杖を手にする者に法を説くまい、と学がなされるべきである。[6]

病でないのに傘を手にする者に法を説くまい、と学がなされるべきである。[7]

病でないのに武器を手にする者に法を説くまい、と学がなされるべきである。[8]

さて、『入菩提行論』において「男性なしに女性らに」と説かれていることについて、プラジュニャーカラマティ（十—十一世紀）の註釈に次のようにある。

ひとり離れたところにいる者は女性に法を説かざれ。説くなら、違犯を伴う者となる。もし〔その場に〕男性が〔同席して〕いるならば、過失ではない。[9]

意味はわかりやすい。なお、『入菩提行論』において「大と小との諸法には、等しく尊重なしたまえ」と説かれている「大と小との諸法」は大乗と小乗との諸法である。

さらに、大乗仏教においては、出家者である菩薩が女性に説法することは、女性に対し欲／貪を起こす恐れがあるという観点からも、あまり積極的に考えられていない。

たとえば、出家者である菩薩について、『法華経』に次のようにある。

また次に、マンジュシュリーよ、菩薩摩訶薩は女性にあれやこれやの迎合のきっかけをつかんでしばしば法を説いたりしない。女性をしばしば見たがる者となりもしない。良家に近づいたりもしないし、童女、あるいは少女、あるいは若妻を、しばしば語りかけられるべきものと思ったりもしないし、挨拶したりもしない。パンダカに法を説いたりもしないし、彼らと知り合いにもならないし、挨拶したりもしない。如来についての念を修習しつつある場合を例外として、ひとりで乞食（こつじき）のために家の中に入ったりしない。

しかるに、もし女性に法を説いてやるならば、彼は、法への貪によってすら法を説いてやったりしない。ましてや、女性への貪については言うまでもない。果ては、歯並びすら露わにしたりしない。ましてや、顔の粗大な変化については言うまでもない。[10]

なお、「パンダカ」とは、男性同性愛者である。

ここで説かれている、出家者である菩薩が女性に説法するにあたって「歯並びすら露わにしたりしない」ことは『阿閦仏国経』（『大宝積経』不動如来会）においても説かれている。出家者である菩薩、アクショービヤ（阿閦）について、同経に次のようにある。

大徳世尊よ、そのように一切智者性心（いっさいちしゃしょうしん）（〝すべてを知る者たることを求める心〟）を起こしたわたしはこの宝石を起こしました。――具体的には、〔わたしが〕無上正等菩提へ迴向しつつ、あまねく迴向しつつ、無上正等菩提を現等覚しないうちに、もし、女性にこのように無常の行相、あるいは苦の行相、あるいは空と無我との行相、あるいはほかの諸行相によって法を説いてやる場合、〔女性の〕肢体から生ずる、ほかの諸行相に〝よいものだ〟という相（〝標的〟）をつかんでのち、歯並びを露わにする、あるいは笑う、あるいは手を振るならば、わたしによって、十方にあるあらゆる無量無数不可思議不可計の諸世界に現在とどまっていらっしゃる、居続けていらっしゃる、過ごしていらっしゃる、法を説いていらっしゃる諸仏世尊なるかたがた、かのかたがたが欺かれることとなりますように。[11]

意味はわかりやすい。

『大方広三戒経』（『大宝積経』三律儀会）においては、出家者である菩薩が女性に説法するにあたってやってはならないことがさらに詳細に説かれている。出家者である菩薩について、同経に次のようにある。

カーシャパよ、この場合、菩薩は他ならぬ最初から戒によって伴われている者となるのである。心に悔がある者は、無間〔業〕をなす者とならないし、比丘尼を犯す者とならないし、家の内に混ざる者とならないし、害生命をなす者とならないし、不与取をなす者とならないし、欲邪行をなす者とならないし、虚誑語を有する者とならないし、離間語を有する者とならないし、麁悪語を有する者とならないし、綺語を有する者とならないし、貪欲を有する者とならないし、瞋恚を有する者とならないし、邪見を有する者とならないし、自己を害しようと思わないし、他者を害しようと思わないし、集合を欲する者とならないし、享楽を欲する者とならないし、耽溺すべきもろもろの悦楽を他者たちに述べないし、みずからもなさないし、パンダカに親近しないし、遊女を所行（〃行き先〃）とする者とならないし、寡婦を所行（〃行き先〃）とする者とならないし、処女を所行（〃行き先〃）とする者とならないし、鳥を捕る者を所行（〃行き先〃）とする者とならないし、鹿を捕る者を所行（〃行き先〃）とする者とならないし、魚を捕る者を所行（〃行き先〃）とする者とならないし、刑吏を所行（〃行き先〃）とする者とならないし、チャンダーラを所行（〃行き先〃）とする者とならないし、他者の妻に親近しないし、酔っぱらっている人の手を捉えたり諍論したりしないのであって、それらを、あたかも犬とチャンダーラとであるかのように、捨て去りつつ捨て去るのである。捨て去られたものなるもの、それに対し起こされた、たった一つの散乱した心である心すら起こされないのである。

そうである以上、慈の行相ある心によって、二十の状況が捨て去られるのである。二十とは何かというならば——

〔1〕女性を捨て去って、誰とも戯論（けろん）しないし、誰とも抱き合わないし、話しかけられても話しかけ返さない。

〔2〕父母を敬わない者とならない。

〔3〕仏法僧を敬わない者とならない。

〔4〕二十人未満のうちは女性の輪に法を説きあかしてやらない。もし〔女性の輪が〕男性のいるところにいるようになるならば、その時、法を説いてやる。

〔5〕比丘尼のつどいへまったくすべて赴いてはならない。

〔6〕比丘尼によって訊かれたことに答えてはならない。

〔7〕女性に文を書いてやってはならない。

〔8〕〔女性に与えてほしいと〕請われていないのに〔女性に文を〕与えてはならな

い。

〔9〕みずからの親族による別請（〝招待〟）をまったくすべてわがものとしてはならない。

〔10〕いかなるかたちでも、貪を伴い、貪愛の心によっては女性の前に須臾のあいだすらとどまってはならない。

〔11〕ひとり離れたところにいる、みずからの境（〝認識対象〟）に親近している彼は、いかなるかたちでも、〔女性と〕話してはならない。

〔12〕比丘尼が賭博をしかけてきた場合、いかなるかたちでも、応じて賭博してはならない。

〔13〕比丘尼によって与えられた法衣を、いかなるかたちでも、まとってはならない。〔比丘、比丘尼、優婆塞、優婆夷という〕四衆のうちに坐して法を説きあかしてやる時、法のもとに提供されるであろうもの（法衣）は例外である。その場合も、彼は、地に等しい心によって作意するようになってのち、享受するがよい。また、彼女（法衣を提供してくれた者）の顔が見えているうちは〔享受〕してはならない。いかなるかたちでも、比丘尼によって作られた法衣を、たとえ窮地にあってすら、まとっ

てはならない。

〔14〕決して、比丘尼による別請を、いかなるかたちでも、受け容れてはならない。安楽あるいは無病を本性としている者〔である比丘が受け容れてはならないの〕はなおさらである。

〔15〕寡婦による別請を、サンガが存在しないうちは、いかなるかたちでも、受け容れてはならない。

〔16〕比丘尼のヴァルシャカ（〝雨季の小屋〟）へ、いかなるかたちでも、入ってはならない。

〔17〕いかなるかたちでも、比丘尼を念頭に置いてはならない。もし比丘尼によって招かれた場合も、腕組みし、低頭して、その地域から去るがよい。

〔18〕法を説きつつ坐っている場合、比丘尼が足を頂礼しに来たなら、両掌で顔を覆って坐っているがよい。彼は足を動かしてはならない。正しい士は身を勇ましくしてはならないが、一点に作意して心を勇ましくするがよい。

〔19〕あらゆる事物に対し、貪の心を、いかなるかたちでも、起こしてはならない。

〔20〕恚の心を、いかなるかたちでも、起こしてはならない。

このように、一切智者性（〝すべてを知る者たること〟。仏たること）のために、誓いを固くし、これら諸法を聞いてのち、成就へ結びつけられなければならない。[12]

意味はわかりやすい。

以上、大乗仏教においても、出家者である菩薩が女性に説法することは、あらぬ疑いをかけられる恐れがあるという観点から、あるいは女性に対し欲／貪を起こす恐れがあるという観点から、あまり積極的に考えられていないのである。

インドに留学した中国人出家者、義浄（六三五―七一三）は、耽摩立底（タームラリプティ）国の跋羅訶寺において、波羅提木叉を受具して以来、女性にものを言ったことがない、出家者である菩薩に会ったことを伝えている。義浄『南海寄帰内法伝』に次のようにある。

さらに、寺のうちにラーフラミトラという名の一比丘がいるのを見た。〔彼は、〕当時、年は三十ほど、操行は抜群で、名声は高遠であった。一日に七百頌ある『宝積経』（『大宝積経』普明菩薩会）を誦えていた。内典である三蔵に習熟し、俗書である四明（四ヴェーダ）に通暁していた。東聖方処（東インド）は首位に推（お）していた。〔波羅提木叉を〕受具して以来、女性にかって面と向かってものを言ったことがなく、母や姉がもし来たならば、出て観（み）るだけであった。

当時、〔わたくし義浄は〕質問した。「これは聖者（ブッダ）の教えではありませんね。どうしてそうしているのですか。」

〔ラーフラミトラは〕回答した。「わたしは本性として煩悩が多いので、これでなければ、その源（みなもと）を塞げません。たとえ聖者（ブッダ）によって遮（〝禁止〟）されていることでないにせよ、邪を防ぐ点において、どうして違（たが）ったりしましょうか。[13]」

ブッダはかならずしも出家者が女性にものを言うことを禁止していないが、ラーフラミトラは自主的に女性にものを言わなかったのである。

このほか、きわめて例外的であるが、大乗仏教においては、出家者である比丘が女性に説法することが積極的に考えられている場合もある。それは、出家者である比丘が方便善巧な菩薩となっている場合である。『方便善巧経』（『大宝積経』大乗方便会）に次のようにある（蔵訳 'od mang ldan gyi rgyal po の原梵語を確定しがたいので、これを暫定的に

「光聚王（こうじゅおう）」と表記した。竺法護訳「重勝王」、竺難提訳「衆尊王」、施護訳「光聚王」）。

すると、具寿アーナンダが世尊に次のように申し上げた。「世尊、わたしは、乞食（こつじき）のために順にまわっていました際、光聚王菩薩がある家において女性とひとつの座席を共にしているのを見ました。『違犯を見たなら、隠すな。ほかの、梵行を共にする者たちに告げよ』と世尊によって言われております。如来はあらゆる有情にとって大師でいらっしゃいます。如来には、少しも、知っていらっしゃらないこと、見ていらっしゃらないこと、わかっていらっしゃらないことはありません。それゆえに、わたしは世尊にお伺いいたします。」

と、具寿アーナンダがそのことばを口にしてから久しからざるうちに、すると、その刹那に大地がどよめきだした。すると、光聚王菩薩がターラ樹くらい上の空中に坐してのち、具寿アーナンダに次のように言った。「具寿アーナンダよ、そのことをどう思いますか――違犯の法を有する者が空中に坐することができるでしょうか。次に、具寿アーナンダよ、『菩薩の違犯の法はどのように認められておりますか』と、如来に面と向かいつつ、このことをお問いなさい。」

すると、具寿アーナンダは悄然となってのち世尊の足(みあし)に頂礼し、違犯を告白した。

「わたしによって大ナーガのごとき士に対し違犯が捜されたのは、世尊よ、過誤でございます。過誤を告白いたします。」

と、そのように申し上げると、世尊は具寿アーナンダに次のようにおっしゃった。

「アーナンダよ、汝は大乗に立脚している正士に対し〝過失だ〟との想いを起こしてはならない。アーナンダよ、具体的には、ひとりであってふたりでない、声聞乗に立脚している者は漏(ろ)を尽くすことに対し中断がないと認められるべきである。アーナンダよ、そのように、方便善巧な菩薩も一切智者性(いっさいちしゃしょう)(〝すべてを知る者たること〟)に対し中断がないと認められるべきである。それはなぜかというならば、アーナンダよ、菩薩摩訶薩は三宝に参入しない諂(てん)を示さないのである。三宝とは何かというならば、仏宝、法宝、僧宝である。アーナンダよ、菩薩乗に立脚している良家の息子が一切智(いっさいち)者性心(しゃしょうしん)(〝すべてを知る者たることを求める心〟)から離れないまま五欲によって遊戯しており享楽しているのを見た時、アーナンダよ、その時、汝はその正士が如来の五根(眼耳鼻舌身)によって伴われていると知るがよい。

アーナンダよ、さらに、汝は、なにゆえ光聚王菩薩が女性とともにひとつの座席に坐していたのか、そのことを問うがよい。アーナンダよ、かの妹（女性）は過去世において二百生にわたって光聚王菩薩の妻となっていた。彼女は他ならぬその随眠（〝煩悩の潜在的状態〟）のせいで、良家の息子である、かの光聚王菩薩に起こっている吉祥と威光と戒とを見て、煩悩が起きてのち、麁重のことばを口にした。彼女は、『ひとり離れたところにいて、もし光聚王菩薩がわたしとともにひとつの座席に坐してくれるなら、わたしは無上正等菩提に向け心を起こすでしょう』と、そのように思うようになった。アーナンダよ、すると、光聚王菩薩は心によってかの妹の心のおもんばかりを知ってのち、他ならぬその〔日の〕夜が過ぎるや、彼女の家へ行った。内なる地界なるものと外なる地界なるものとが同一であるという法門、かの、地に等しい心によって、かの妹を右手で捉え、ひとつの座席に坐した。坐してから間を置かずに、この偈を口にした。

『仏は欲をば讃めたまわず。それは愚かな者の所行。
欲愛、断ちきり去るならば、人の最なる、仏となる。』

アーナンダよ、すると、かの妹は悦んで、歓喜が生じたのち、かの座席から立って、光聚王菩薩の足に頂礼してのち、その時、この偈を口にした。

『仏が斥けたまいける、欲をば、われは今後なさず。
欲愛、断ちきり去るならば、人の最なる、仏となる。
わが心中の思いなる、かの過はおん身へ向けられぬ。
生類みなを安んずべく、菩提へ勝解を発起しき。』

アーナンダよ、すなわち、かの、方便善巧な光聚王菩薩によって、かの妹は無上正等菩提について学んでのち、座席から立ち、去ったのである。アーナンダよ、殊勝な増上意楽（〝こころざし〟）を見るがよい。わたしはかの妹に授記する。――ここから没してのち、女性の状態を変え、九十九百千阿僧祇劫を経て、パリウッターナヴィガタという名の如来・阿羅漢・正等覚者が世に出現するであろう。アーナンダよ、おまえは、その異門（〝見地〟）によって、さらに、菩薩は違犯の法を有する者となる眷属をたもたないと知るべきである。[14]」

ただし、これは、あくまで例外である。大乗仏教においては、いまだ方便善巧な菩薩となっていない、出家者である比丘が女性に説法することは積極的に考えられていない。

三　在家者である菩薩

部派仏教

部派仏教においては、在家者である菩薩が女性に説法することは認められている。

たとえば、上座部の『クッダカ・ニカーヤ』所収の『ジャータカ』に対する伝ブッダゴーサの註釈においては、釈迦牟尼仏が前生において在家者である菩薩マハースダッサナ王となって臨終において王妃に説法したという話が伝えられている（第九十五話。Mahāsudassana-jātaka）。なお、説かれたと伝えられているのは次のような偈である。

> 形成体は常ならず。起きては滅ぶをきまりとす。
> 起きたるうえは滅びゆく。それらの静まることが楽。[15]

このほかにも、同註釈においては、説法と呼べるかどうかわからないにせよ、在家者である菩薩が女性に何かを説いたという話はいくつか見いだされる。

ただし、部派仏教においては、在家者である菩薩が妻のような身近な女性に説法することが考えられているにすぎないようである。

大乗仏教

大乗仏教においても、在家者である菩薩が女性に説法することは認められている。しかも、大乗仏教においては、在家者である菩薩が方便善巧な菩薩となってのち、変身して、身近な女性のみならず、あらゆる女性に説法することが考えられている。

便宜上、女性に変身して説法することと、男性に変身して説法することとに分けて確認する。

I　女性に変身して説法すること

女性に変身して説法することとは、ある女性が他者の妻あるいは他者の娘であって男性から遠ざけられている場合、菩薩がみずから女性に変身してその女性に説法することである。

たとえば、『法華経』においては、ガドガダスヴァラ（妙音）菩薩が女性に変身して女性に説法したことが説かれている。同経に次のようにある。

あるところでは比丘のかたちで、あるところでは比丘尼のかたちで、あるところでは優婆塞のかたちで、あるところでは優婆夷のかたちで、あるところでは長者の妻のかたちで、あるところでは居士の妻のかたちで、あるところでは宰官の妻のかたちで、あるところでは童子のかたちで、あるところでは童女のかたちで、ガドガダスヴァラ菩薩摩訶薩はこの『妙法蓮華経』という法門を諸有情に説くのでした。[16]

しまいには、後宮の中にいる諸有情（女性たち）にすら、ガドガダスヴァラ菩薩摩訶薩は女性のかたちを化作（けさ）してのちこの『妙法蓮華経』という法門を諸有情に説くのでした。[17]

さらに、『不退転輪経』においては、童女に変身したシンハー（師子）菩薩が五百の童女たちとともに女性に説法したことが説かれている。同経に次のようにある。

すると、世尊に具寿アーナンダが次のように申し上げた。「世尊、いったい、童女となっている者シンハーはいまだ女性の状態を転じていないのでしょうか。」

世尊はおっしゃった。「アーナンダよ、おまえは、いったい、童女となっている者シンハーは女性であると思うか。」

〔アーナンダは〕申し上げた。「世尊、彼女はそうでございます。」

世尊はおっしゃった。「アーナンダよ、そう言ってはならない。それはなぜかというならば、アーナンダよ、これ〔女性の状態〕は、これら、童女となっている者シンハーと、五百の童女たちとによる神変なのである。のちの生類（しょうるい）を観じてのち、女性を憐れみつつ、女性を女性の状態から解脱させてやるために、童女となっている者シンハーによってこの神変が見せられたのである。それはなぜかというならば、これらは、男性が入れない、入る権限がない、あらゆる家に入って神変によって女性を導くのである。

アーナンダよ、童女となっている者シンハーには、女性の法〔〝属性〟〕がないし、男性の法がない。それはなぜかというならば、あらゆる諸法は不可得であるゆえに、これによって、男性は不可得であるし、女性は不可得なのである。童女となっている者シンハーはこの法門をわかっているし、光明に達している。アーナンダよ、そういうわけで、童女となっている者シンハーに随って学ぶことを欲する女性によって、この法門が受け取られるべきであるし、体得されるべきであるし、朗唱されるべきであるし、憶えられるべきであるし、語られるべきであるし、暗唱されるべきである。[18]」

このほか、菩薩が、女性に変身してではなく、女性に生まれて女性に説法することもある。『大方等大集経』宝女品においては、宝女菩薩が女性に生まれて女性に説法したことが説かれている。同経に次のようにある。

シャーラドヴァティープトラが質問した。「世尊よ、いかなる〔前世の〕業障（ごっしょう）（〝業（ごう）の障り〟）のせいでこの女性（宝女）は女性の状態を採ったのでしょうか。」

世尊が回答した。「シャーラドヴァティープトラよ、諸菩薩は業障のせいで女性の状態を採るのではない。それはなぜかというならば、シャーラドヴァティープトラよ、諸菩薩は、有情を成熟させるために、神通と明（みょう）と智と方便と慧（え）との力によって女性の状態を採るのである。

シャーラドヴァティープトラよ、この者（宝女）をどう思うか。この宝女は女性であると思うであろうにせよ、そのようには見られるものでない。

シャーラドヴァティープトラよ、この者は神通の力を有する菩薩であると見られるのである。その場合、女性の法（〝属性〟）も男性の法もない。この女性はあらゆる善法を具えている。来ることもなく行くこともない。

シャーラドヴァティープトラよ、この宝女によって、この〔南〕贍部洲において、九万の童女が無上正等菩提へと成熟せしめられている。[19]」

『大樹緊那羅王所問経』においては、菩薩が女性に生まれて、あるいは女性に変身して、女性に説法することが説かれている。方便善巧な菩薩が具えている三十二行相のうちのふたつとして、同経に次のようにある。

女性と少女とを成熟させてやるために女性〔の状態〕を採る。[20]

貪の鈎によって捕えられている諸有情を成熟させてやるために遊女の館と後宮との中で美しい少女のかたちを眺められつつ愛らしく説く。[21]

『大方広如来不思議境界経』においては、釈迦牟尼仏の養母、マハープラジャーパティー・ガウタミーを始めとする比丘尼たちがじつは男性の業によって伴われていたにせよ劣った有情を導くために女性に生まれていたことが説かれている。同経に次のようにある。

さらに、マハープラジャーパティー・ガウタミーを始めとする幾千比丘尼たち――いずれも男性の業によって伴われ、劣った有情を導いてやるために女性の状態を見せている者たち――がいた。[22]

「劣った有情」とは、女性を指していると考えられる。

Ⅱ　男性に変身して説法すること

男性に変身して説法することとは、ある女性が欲の悦楽を好んでいる場合、菩薩が美形の男性に変身してその女性に説法することである。

もともと、『維摩経』においては、ある男性が欲の悦楽を好んでいる場合、菩薩がみずから女性に変身してその男性に説法することが説かれていた。同経に次のようにある（文中の「彼ら」とは諸菩薩を指す）。

> 彼らは男を引くために、熟慮したのち、遊女となる。
> 貪の鉤にて惹きつけて、彼らは仏智に住まわせる。[23]

それに対し、『転女授記経』においては、ある男性が欲の悦楽を好んでいる場合、菩薩がみずから女性に変身してその男性に説法することのみならず、ある女性が欲の悦楽を好んでいる場合、菩薩が美形の男性に変身してその女性に説法することも説かれるようになった。同経に次のようにある。

> すると、具寿スブーティがその女性（転女菩薩）に次のように言った。「妹よ、あんたの夫は今どこにいるのかね。」

その女性は言った。「大徳スブーティよ、あたしの夫は一人だけではありません。それはなぜかというならば、大徳スブーティよ、悦楽の手配という方便善巧によって導かれるあらゆる有情なるもの、彼らすべてはあたしの夫なのです。」

〔具寿スブーティは〕言った。「妹よ、如来が誰にであれ欲の悦楽をお許しになることはない。」

〔その女性は〕言った。「大徳スブーティよ、如来は『縁として提供された、法衣、食、臥具、坐具、病人のための薬、薬の材料、親友の家や施食の家が親近・近侍すること、歓喜させられるべき眷属と、親近・近侍・供事されるべき和尚と阿闍梨とに親近することとなるもの――そこにおいても、善法は増えるようになるし、不善法は減るようになる』とおっしゃいました。」

〔具寿スブーティは〕言った。「妹よ、それはあんたが言うとおりだ。」

〔その女性は〕言った。「大徳スブーティよ、そういうわけで、如来はこのような方便によって諸有情に欲の悦楽すべてをお許しになったのです。[24]」


すると、具寿スブーティがその女性〔転女菩薩〕に次のように言った。「妹よ、いったい、あんたは良家の息子たちのみを、この、悦楽の手配という方便善巧によって導いているのかね。それとも、良家の娘たちをも導いているのかね。」

〔その女性は〕言った。「大徳スブーティよ、あたしによって、悦楽の手配という方便善巧によって導かれないようないかなる有情もまったくいません。

大徳スブーティよ、女性の心は特にまた悦楽を愛しますので、あたしは女性を、より多く悦楽の手配という方便善巧によって導いてきましたが、男性たちをそうしてきたのではありません。」

〔具寿スブーティは〕言った。「妹よ、あんたはどうやって女性のかたちで女性を導くというのかね。」

すると、その女性は、その時、清潔な細身の服を着た、男性の装身具によって飾られた、麗しい、みめよい、完璧かつ最高の彩りを具えた、二十二歳の男性のように、そのように顕現してのち——彼女は言った。「大徳スブーティよ、女性はこのような色身（〝物質的なからだ〟。肉体）によって導かれるのです。[25]」

意味はわかりやすい。

四　本章のまとめ

本章において確認してきたことを表示するならば、次の表のとおりである。

	出家者である菩薩が女性に説法すること	在家者である菩薩が女性に説法すること
部派仏教	○	○
大乗仏教	○	○

出家者である菩薩が女性に説法することは部派仏教においても大乗仏教においても認められている。ただし、大乗仏教においては、いまだ方便善巧な菩薩となっていない、出家者である菩薩が女性に説法することはあまり積極的に考えられていない。

在家者である菩薩が女性に説法することは部派仏教においても大乗仏教においても認め

られている。ただし、部派仏教においては在家者である菩薩が身近な女性に説法することが考えられているにすぎないのに対し、大乗仏教においては在家者である菩薩が方便善巧な菩薩となってのち男性あるいは女性へ変身してあらゆる女性に説法することが考えられている。

第七章　菩薩は女性を仲介できるか

一　本章のねらい

仲介とは、取り持つことである。

本章においては、仏教において、出家者／在家者である菩薩が男性に女性を仲介することが認められているか否かについて確認する。

二　出家者である菩薩

部派仏教

部派仏教においては、出家者である菩薩が男性に女性を仲介することは認められていない。筆者が気づいているかぎり、部派の文献においては、釈迦牟尼仏が前生において出家者である仙あるいは比丘となって男性に女性を仲介したという話はまったく伝えられていない。

なお、釈迦牟尼仏は最後の一生において仏となってのち出家者である比丘に波羅提木叉をたもたせたと伝えられているが、波羅提木叉においては、出家者である比丘が男性に女性を仲介することは認められていない。たとえば、上座部の比丘の学処に次のようにある。

誰であれ比丘が、結婚に向け、あるいは愛人関係に向け、女性に男性の意を、あるいは男性に女性の意を、取り持つことに陥るならば、暫時のものであっても、僧残(そうざん)

（saṃghādisesa. サンガ始末裁量罪）である。[1]

ここでは上座部の比丘の学処を挙げたが、ほかの部派の比丘の学処もほぼ同じである。

大乗仏教

大乗仏教においても、出家者である菩薩が男性に女性を仲介することは認められていない。大乗仏教においては、出家者である菩薩は、出家者である比丘となっている場合、波羅提木叉をたもっているから、出家者である菩薩が男性に女性を仲介することは認められていない。

三　在家者である菩薩

部派仏教

部派仏教においては、在家者である菩薩が男性に女性を仲介することは認められている。

たとえば、上座部の『クッダカ・ニカーヤ』所収の『ジャータカ』においては、釈迦牟尼仏が前生においてサンカパーラ龍王となって友人アラーラに三百の妻たちを譲渡したという話が伝えられている（伝ブッダゴーサの註釈における第五二四話。Saṃkhapāla-jātaka）。同経に次のようにある。

わたしに、これら三百の、妻らがいます、アラーラよ。
すべて、締まった腰を持ち、蓮華の映えを持つものです。
これらは、あなたの、愛欲を、処理するものです、アラーラよ。
あなたに彼女らあげましょう。どうぞご奉仕させたまえ。[2]

さらに、『ジャータカ』においては、釈迦牟尼仏が前生においてヴェッサンタラ王となって国民に七百の女性たちを譲渡したという話も伝えられている（伝ブッダゴーサの註釈における第五四七話。Vessantara-jātaka）。同経に次のようにある。

濃いまつげ持ち、笑み浮かべ、良い尻を持ち、腰細く、

黄金（こがね）の飾りと衣服着け、黄金（こがね）の小物に装われて、
黄金（こがね）の首環を結ばれて、黄金（こがね）によって飾られて、
それぞれ車に立っている、七百女性を施（せ）してのち、
ヴェッサンタラなるこの王は、おのが国から追われたまう。[3]

上座部においては、在家者である菩薩が男性に女性を仲介することは問題視されていない。第一章において確認したように、十不善業道においては、欲邪行が不善であるが、婬／非梵行／二二交会は不善ではない。したがって、上座部においては、在家者である菩薩が男性に女性を仲介すること——男性と女性とを婬／非梵行／二二交会させること——は問題視されていないのである。

ところが、説一切有部においては、在家者である菩薩が男性に女性を仲介することは問題視されている。第一章において確認したように、説一切有部においては、欲邪行が不善であるのみならず、婬／非梵行／二二交会も不善であるという考えかたが発生した。したがって、説一切有部においては、在家者である菩薩が男性に女性を仲介すること——男性と女性とを婬／非梵行／二二交会させること——は問題視されているのである。サンガバ

ドラ『阿毘達磨順正理論』に次のようにある。

女性を夫に授ける者はみずからが違犯する者ではない。〔ところで、〕もしこの相手をみずから殺すことから離れ、他者に殺させる時は、みずからが〔この相手を〕殺す者と呼ばれる。

かつて、「菩薩は女性を他者に施してただちに好ましいむくいを得た」と聞いたことがある。しかるに、非梵行は不善業のうちに包摂されている。もし他者に違犯させるならば、みずからが〔違犯〕するのと同じである。どうして悪業（不善業）への加行（〝取り組み〟）に安住して福徳のむくいを招くことができたりしようか。〔したがって、〕あるいは菩薩たちは邪行を違犯しているはずである。[4]

なお、「菩薩は女性を他者に施してただちに好ましいむくいを得た」とあることについては、正確な出典は未詳である。

ともあれ、少なくとも部派の三蔵においては、在家者である菩薩が男性に女性を仲介することは認められている。

大乗仏教

大乗仏教においても、在家者である菩薩が男性に女性を仲介することは認められている。たとえば、在家者である王に対して送られた、ナーガールジュナ（龍樹）『宝行王正論』に次のようにある（文中の「牟尼」とは、ブッダの異称）。

> それを求むる者たちに、装身美形の女子施さば、
> それもて、正法憶持する、陀羅尼を個々に獲得せん。[5]

> あらゆる装身具を着くる、八万人の女子たちを、
> あらゆる資具ともろともに、牟尼は、そのかみ、施したまう。[6]

ここでは、ブッダの前生である菩薩が男性たちに八万人の女性たちを譲与したことが何らかの経にもとづいて説かれている。その経は未詳であるが、参考までに、『大宝積経』護国菩薩会に次のようにある（Okada Yukihiro [1990: 179]）。

かつてシュバ王なりし時、われに前世に喜捨せらる。[7]
黄金と真珠で身を飾る、美形の、千の女性らが、

おそらく、『大宝積経』護国菩薩会より前にシュバ王について何らかの経が存在していたと考えられるが、その経も未詳である（岡田真美子［1991: 588］）。

ちなみに、中国の偽経『梵網経』においては、出家者／在家者である菩薩が在家者である男性に女性を仲介することは認められていない。同経に次のようにある。

もし仏の息子が、悪い心によって自分から〔仏宝、法宝、僧宝という〕三宝をそしり、〔在家者に〕親しいそぶりをし、口では空を説きつつも、行ないは有に堕ちており、在家者の仲を取り持って男女で〔二二〕交会させ婬色に縛られるようにし、六斎日（一ヵ月の前半と後半とのそれぞれ第八日、第十四日、第十五日）や年三長斎月（一年の正月、五月、九月のそれぞれ第一日から第十五日）において、殺しや盗みをし、八斎戒を破り犯すならば、軽垢罪を犯すことになる。[8]

これは、『梵網経』において説かれている、出家者である菩薩と在家者である菩薩とに共通の菩薩戒の学処のひとつである。したがって、同経においては、出家者／在家者である菩薩が男性に女性を仲介することは認められていない。

先に確認したように、『阿毘達磨順正理論』においては、在家者である菩薩が男性に女性を仲介すること――男性と女性とを婬／非梵行／二二交会させること――が問題視されていたが、『梵網経』は出家者／在家者である菩薩が男性に女性を仲介すること――男性と女性とを婬／非梵行／二二交会させること――を問題視している点において『阿毘達磨順正理論』と相似していると言える。

四　本章のまとめ

本章において確認してきたことを表示するならば、次の表のとおりである。

	出家者である菩薩が男性に女性を仲介すること	在家者である菩薩が男性に女性を仲介すること
部派仏教	×	○
大乗仏教	×	○

出家者である菩薩が男性に女性を仲介することは部派仏教においても大乗仏教においても認められていない。

在家者である菩薩が男性に女性を仲介することは部派仏教においても大乗仏教においては認められている。ただし、説一切有部のサンガバドラ『阿毘達磨順正理論』においては邪行と考えられているし、中国の偽経『梵網経』においては認められていない。

第八章　菩薩は女性に授胎できるか

一　本章のねらい

授胎とは、胎児を授けることである。ここでは、子宝を授けることを指す。

本章においては、仏教において、出家者／在家者である菩薩が子をほしがる女性に授胎することが認められているか否かについて確認する。

二　出家者／在家者である菩薩

出家者／在家者である菩薩が子をほしがる女性に授胎することは、部派仏教においては考えられていないが、大乗仏教においては認められている。

たとえば、アヴァローキテーシュヴァラ（観自在）について、『法華経』に次のようにある。

さらに、良家の息子よ、アヴァローキテーシュヴァラ菩薩摩訶薩に対し礼拝する、息子をほしがる女性なるもの、彼女には、顔立ちよく、心なごませ、みめよく、息子の特徴を具え、多くの生類から愛され、意にかなう息子が生まれ、善根を植えた者となる。

娘をほしがる〔女性なる〕もの、彼女には、顔立ちよく、心なごませ、みめよく、最高の浄色の青蓮たることを具え、娘の特徴を具え、多くの生類から愛され、意にかなう娘が生まれ、善根を植えた者となる。[1]

さらに、アーカーシャガルバ（虚空蔵）について、『虚空蔵菩薩経』に次のようにある。

このように、助言と受用とをほしがる者、暗唱と聴聞とをほしがる者、遠離（〝隠遁〟）をほしがる者、静慮（じょうりょ）において静慮する者、般若（〝叡智〟）をほしがる者、名誉をほしがる者、技術の鍛錬をほしがる者、自在性（〝権力〟）をほしがる者、容色をほしがる者、財をほしがる者、最勝をほしがる者、種姓をほしがる者、息子をほしがる者、眷族をほしがる者、功徳をほしがる者、①施（せ）をほしがる者、②戒をほしがる者ないし（――経文は③忍辱をほしがる者、④精進をほしがる者、⑤静慮をほしがる者を中略――）⑥般若をほしがる者、柔らかい語をほしがる者、諸有情との随順をほしがる者、〔諸有情を〕罪から解脱させることをほしがる者、〔諸有情を〕①施に住まわすことをほしがる者ないし（――経文は②戒に住まわすことをほしがる者、③忍辱に住まわすことをほしがる者、④精進に住まわすことをほしがる者、⑤静慮に住まわすことをほしがる者を中略――）⑥般若に住まわすことをほしがる者、長寿をほしがる者、享受をほしがる者、別離しないことをほしがる者、慳貪な諸有情を喜捨（すなわち、施）

に住まわすことをほしがる者、破戒者たちを戒に住まわすことをほしがる者、懈怠者たちを精進に住まわすことをほしがる者――彼らに対し、良家の息子よ、このかた（アーカーシャガルバ）は方便を示すのである。[2]

『大樹緊那羅王所問経』においては、菩薩が息子をほしがる女性を助けるためにみずから母胎へ入ることが説かれている。方便善巧な菩薩が具えている三十二行相のうちのひとつとして、同経に次のようにある。

長者と居士と王との妻となっており、息子がなく、息子のいのちをほしがる愁傷によって伴われており、苦受（〝苦の感受〟）を味わっている女性なるものに対し、その場合、菩薩は彼女らに善を信じさせ成熟させてやるために彼女の息子となることを受け容れる。[3]

ちなみに、中国の偽経『占察善悪業報経』（T17, 905c）においては、クシティガルバ（地蔵）が占うことを勧めている百八十九種類の善悪果報のうちのひとつとして「求男女、得如意」（〝息子や娘を求めるに、意のままに得る〟）があるし、日本の偽経『延命地蔵菩薩経』（ND4, 436a）においては、クシティガルバが得ている十種類の福のうちのひとつとして「女人泰産」がある。日本においては、『法華経』にもとづいて、子宝観音／子授け観音の信仰が盛んであるが、それとともに、『延命地蔵菩薩経』にもとづいて、子宝地蔵／子授け地蔵の信仰も少なからずある。

重要なのは、出家者／在家者である菩薩が子をほしがる女性に授ける胎児は菩薩みずからの子ではないという点である。とりわけ、第三章において確認したように、出家者である菩薩が女性と諸欲を享受することは部派仏教においても大乗仏教においても認められていない。

三　出家者である仏

大乗仏教においては、出家者である仏が子をほしがる女性に授胎することも認められている。

たとえば、薬師仏について、『薬師経』に次のようにある。

さらに、マンジュシュリーよ、かの如来を供養することを欲している、篤信なる、良家の息子あるいは良家の娘なるもの、彼らによって、かの如来の像が造られるべきである。

七日夜のあいだ、聖八支道を具え、近住（ウパヴァーサ。布薩）が近住されるべきである。

清浄なものによって清浄な食べものを作ってのち、さまざまな香によって熏ぜられた、さまざまな衣、傘、幢（はたぼこ）、旗によって飾られた、清浄な域においてさまざまな花を撒いてのち、その地域において、よく洗われた衣を着けた、清浄無垢な志の担い手、無垢心の者、無濁心の者、無害心の者、あらゆる有情に対し慈心の者、捨心の者、あらゆる有情のもとに対し平等心の者となるべきである。

かの如来の像はさまざまな太鼓と歌との音楽をもって右遶（うにょう）（〝右めぐり〟）されるべきである。

かの如来の本願が作意（さい）（〝思念〟）されるべきである。

この『経』が転読されるべきである。

何かを思い出し、何かを求めるに、その、あらゆる意図を満たしてくれる。もし長寿を望むならば、長寿の者となる。もし財産を求めるならば、財産に富む者となる。もし権勢を求めるならば、わずかな困難によって到達する。もし息子をほしがる者であるならば、息子を得る。[4]

なお、出家者である仏が子をほしがる女性に楽に出産させることも認められている。薬師仏について、同経に次のようにある。

さらに、出産の時に、激しい、荒い、鋭い苦受（〝苦の感受〟）を受（〝感受〟）し、かの世尊薬師瑠璃光如来の名称を念じ、供養する女性なるもの、彼女は楽に出産するし、五体満足な息子を生み出すであろう。〔その息子は〕顔立ちよく、心なごませ、みめよく、鋭い感官があり、覚慧（かくえ）がある。彼は病気にほとんどかからない者となるし、非人（〝人ならざる者〟。餓鬼）によって彼の精気を奪われない。[5]

さらに、阿閦（あしゅく）仏の仏国土について、『阿閦仏国経』（『大宝積経』不動如来会）に次のようにある。

シャーラドヴァティープトラよ、次に、かの仏国土においては、男性たちが女性と一緒に婬を行なうために身を重ねることはない。シャーラドヴァティープトラよ、かの仏国土においては、貪心を起こした男性なるもの、彼が行ってのち、貪心によって女性を須臾のあいだ見ただけで、かの男性の貪は鎮まることとなる。厭離によって乗り越えてのち、不浄に対する離貪の定を得るのである。かの定によって魔網から脱け出してのちは、ふたたび貪心は生じなくなる。かの男性が見た女性なるもの、彼女は見られただけで妊娠することとなる。両者の貪が鎮まってのち、さらに、胎内に住している、かの童子あるいは童女は身心によってこれと同様の楽を体験することとなる。具体的には、たとえば三十三天たちが宝石の宮において歓喜するし、歓楽するし、身心によって楽を体験するように、シャーラドヴァティープトラよ、かの仏国土において胎内に住している、童子と童女ともそのようにある。その場合、胎内に住している彼らは七日のあいだ安楽を体験してのち生まれることとなる。さらに、かの妊娠している女性は身心によってこれと同様の楽を体験することとなる。具体的には、たとえば第二静慮に入っているあらゆる比丘がみなすべて楽になるのと同様である。かの女性は息子を生む場合も不浄と悪臭とがない。シャーラドヴァティープトラよ、そのことも、かのアクショービヤ（阿閦）世尊・如来・阿羅漢・正等覚者がかつて菩薩行を行じつつ、「おお、無上正等菩提を現等覚したわたしのその仏国土はそのような功徳によって伴われるものとなれ」と、特別な願を立てたことによってなったのである。[6]

ここでも、重要なのは、出家者である仏が子をほしがる女性に授ける胎児は仏みずからの子ではないという点である。出家者である仏が女性と諸欲に従事することは部派仏教においても大乗仏教においても認められていない。

四　本章のまとめ

本章において確認してきたことを表示するならば、次の表のとおりである。

	出家者／在家者である菩薩が子をほしがる女性に授胎すること	出家者である仏が子をほしがる女性に授胎すること
部派仏教	—	—
大乗仏教	○	○

出家者／在家者である菩薩が子をほしがる女性に授胎することは部派仏教において考えられていないが、大乗仏教において認められている。ただし、菩薩によって授けられる胎児は菩薩みずからの子ではない。仏によって授けられる胎児もそれと同様である。

結章　菩薩にとって恋愛とは何か

一　本章のねらい

ここまで、本書において、筆者は八章にわたって菩薩は女性を愛せるかについて確認してきた。こんにち利用できる文献が限られているゆえに、確認が万全でないことを懼れるが、それでも、こんにち利用できる資料をできるだけ広く収集したゆえに、確認が一定の水準に達していることを信ずる。

本章においては、総括として、全体的なことを確認していきたい。

二　疑問に対する回答

まず、菩薩は女性を愛せるかという疑問に対し回答を提示する。

端的に言えば、部派仏教においても大乗仏教においても、出家者である菩薩はもともと女性を愛せないし、在家者である菩薩はだんだん女性を愛せなくなると考えられている。というのも、第一章において確認したように、仏教においては、恋愛は欲／貪であって、断ちきられるべき煩悩のひとつだからである。

もちろん、菩薩は自己抑制と他者救済との両方に取り組む以上、男性である菩薩は、一方において自己抑制として恋愛から遠ざかるとともに、他方において他者救済として女性に近づかなければならない。ただし、たとえそうであるにせよ、出家者である菩薩はもともと女性を愛せないし、在家者である菩薩はだんだん女性を愛せなくなるのである。

まず、出家者である菩薩について言えば――

第二章において確認したように、出家者である菩薩が女性と結婚することは部派仏教においても大乗仏教においても認められていない。

さらに、第三章において確認したように、出家者である菩薩が女性と諸欲を享受することは部派仏教においても大乗仏教においても認められていない。

さらに、第四章において確認したように、出家者である菩薩が女性の五欲を享受することは部派仏教においては認められていないし、大乗仏教においては、すでに方便善巧な菩薩となっている場合、認められ、いまだ方便善巧な菩薩となっていない場合、認められていない。

さらに、第五章において確認したように、出家者である菩薩が女性を直視することは部派仏教においても大乗仏教においても認められていない。

さらに、第六章において確認したように、出家者である菩薩が女性に説法することは部派仏教においても認められているが、大乗仏教においては、いまだ方便善巧な菩薩となっていない、出家者である菩薩が女性に説法することはあまり積極的に考えられていない。

さらに、第七章において確認したように、出家者である菩薩が女性を仲介することは部派仏教においても大乗仏教においても認められていない。

なお、第八章において確認したように、出家者である菩薩が子宝をほしがる女性に授胎することは大乗仏教において認められているが、菩薩によって授けられる胎児は菩薩みずからの子ではない。

次に、在家者である菩薩について言えば――

第二章において確認したように、在家者である菩薩が女性と結婚することは部派仏教においても大乗仏教においても認められているが、在家者である菩薩が前生において女性と結婚することは、しばしば、菩薩の欲によらず、女性の本願によると考えられている。さらに、大乗仏教においては、在家者である菩薩が最後の一生において女性と結婚することは、あくまで、菩薩によって仮現された変化身が女性と結婚するにすぎず、実のところ、菩薩は女性と結婚しないと考えられている。

さらに、第三章において確認したように、在家者である菩薩が女性と諸欲を享受することは部派仏教においても大乗仏教においても認められているが、部派仏教においては、大衆部の分派のひとつ、説出世部の『マハーヴァストゥ』において、在家者である菩薩は最後の一生の直前から女性と諸欲を享受しなくなると考えられている。さらに、大乗仏教においては、在家者である菩薩が初めから女性と諸欲を享受しないことも認められているし、在家者である菩薩が方便善巧な菩薩となってのち女性と諸欲を享受しないまま諸欲を仮現することも認められている。

さらに、第四章において確認したように、在家者である菩薩が女性の五欲を享受することは部派仏教においても認められているが、大乗仏教においては、実のところ、在家者である菩薩が初めから女性の五欲を享受しないことも認められているし、在家者である菩薩が方便善巧な菩薩となってのち女性の五欲を享受しないまま五欲の享受を仮現することも認められている。

さらに、第五章において確認したように、在家者である菩薩が女性を直視することは部派仏教においても認められているが、大乗仏教においては在家者である菩薩が女性を見たがることはかならずしも認められていない。

さらに、第六章において確認したように、在家者である菩薩が女性に説法することは部派仏教においても認められているが、部派仏教においては在家者である菩薩が身近な女性に説法することが考えられているにすぎないのに対し、大乗仏教においては在家者である菩薩が方便善巧な菩薩となってのち男性あるいは女性へ変身してあらゆる女性に説法することが考えられている。

さらに、第七章において確認したように、在家者である菩薩が女性を仲介することは部派仏教においても大乗仏教においても認められているが、説一切有部のサンガバドラ『阿毘達磨順正理論』においては邪行と考えられているし、中国の偽経『梵網経』においては認められていない。

なお、第八章において確認したように、在家者である菩薩が子宝をほしがる女性に授胎することは大乗仏教において認められているが、菩薩によって授けられる胎児は菩薩みずからの子ではない。

以上によって、出家者である菩薩はもともと女性を愛せないし、在家者である菩薩はだんだん女性を愛せなくなるとわかる。

注意されるべきなのは、大乗仏教においては、部派仏教におけるのに較べ、在家者である菩薩にすら出家者的性格を認める傾向が窺われるという事実である。序章において確認したように、もともと、部派仏教においても、聖者はある時期から在家者でいられなくなると考えられている。ただし、大乗仏教においては、しばしば、在家者である菩薩はいまだ異生である在家者である時期から出家者と同様に女性から離れるようになると考えられているのである。

大乗仏教において、このように、在家者である菩薩にすら出家者的性格を認める傾向が窺われることは、いにしえのインドにおいて、大乗仏教の担い手たちがそのような傾向の持ち主であったことを示している。大乗仏教の担い手たちは、もし出家者であったなら、在家者を、いまだ異生である在家者であるうちから、出家者のように生きさせようとする傾向の持ち主であったであろうし、もし在家者であったなら、いまだ異生である在家者であるうちから、出家者のように生きようとする傾向の持ち主であったであろうと考えられる。

部派仏教は出家志向であるが、大乗仏教はそれにも増して出家志向である。近現代の日本においては、大乗仏教は部派仏教より在家志向である――〝在家仏教〟的である――と考えられがちであるが、そのように考えることは適切でない。たしかに、大乗仏教においては出家者である菩薩のほかに在家者である菩薩が説かれているが、それは諸仏がかならず在家者である菩薩から出家者である菩薩となってのち涅槃に達するからであり、大乗仏教においてのみならず、部派仏教においてもそのように説かれている。部派仏教においてと同様、大乗仏教においても、在家者が在家者のまま涅槃に達することは認められていない。

三　菩薩が女性を愛せない理由

前述のように、部派仏教においても大乗仏教においても、出家者である菩薩はもともと女性を愛せないし、在家者である菩薩はだんだん女性を愛せなくなると考えられている。それはなぜかというならば、仏教においては、恋愛は欲／貪であって、断ちきられるべき煩悩のひとつだからである。

言い換えれば、出家者である菩薩がもともと女性を愛せなかったり、在家者である菩薩がだんだん女性を愛せなくなったりするのは、女性を蔑視／批判しているからではなく、みずからの欲／貪を断ちきるべきだからである。菩薩が女性を愛せないことは女性蔑視／女性批判によるのではない。

部派仏教においても大乗仏教においても、女性蔑視／女性批判と考えられる要素は決して存在しないわけではない。それでもなお、菩薩が女性を愛せないことは女性蔑視／女性批判と区別されるべきである。

なお、先に確認したように、部派仏教においても大乗仏教においても、在家者である菩薩が前生において女性と結婚することは、しばしば、菩薩の欲によらず、女性の本願によると考えられている。このような考えかたは、ある意味、在家者である菩薩の結婚の責任を女性に転嫁する考えかたであって、あるいは、女性からは違和感を覚えられるかもしれない。菩薩が女性を愛せないことは本書においてこれまで確認してきたとおりであるが、そのことに対し、女性が女性の見地から所感を提示し、男性の見地からは見えない盲点を指摘してくれることを、筆者はひとりの男性として願っている。

四　本章のまとめ

仏教の目的は煩悩を断ちきって涅槃に達することである。恋愛は欲／貪であって、断ちきられるべき煩悩のひとつである。したがって、究極的に言えば、仏教において、恋愛は認められていない。そのことは部派仏教においても大乗仏教においても変わらない。

菩薩は女性を愛せないが、女性を助ける。仏となったのちもそうである。女性を助けることは、欲／貪によってではなく、慈・悲によって遂行される。人は欲／貪によって有情をむさぼっているが、人が仏となることを目ざし、菩薩となって人を超えて向上していくにつれ、欲／貪が断ちきられ、慈・悲によって有情を助けるようになると考えられているのである。

さらに、菩薩が慈・悲によって助けるのは、女性のみならず、男性、女性、両性具有者、無性者を含むあらゆる有情である。人は欲／貪によって特定の性志向を有しているが、欲／貪が断ちきられるにつれ、性志向から解放され、あらゆる有情に平等に接するようになると考えられているのである。

菩薩が性志向から完全に解放され、仏となった時、彼は、特定の女性の夫としてではなく、あらゆる有情の父として、いまだ欲のうちにいるあらゆる有情をわが子と見るようになる。たとえば、ブッダのことばとして、『法華経』に次のようにある。

> シャーリプトラよ、まさに断(か)く、わたし、絶大なる仙は、
> 有情たちなるもろもろの、救いとなるし、父となる。
> 彼らあらゆる生類(しょうるい)は、わたしにとって、息子たち――

三界中に属しつつ、欲に着（ちゃく）する愚者たちは。[1]

そもそも、ブッダは女性を捨てて出家したのであって、女性を愛するために出家したのではない。たとえ人は欲／貪によって恋愛を喜び、低劣な次元にとどまっているにせよ、人が仏となることを目ざし、菩薩となって人を超えて向上していくにつれ、人は恋愛のほかに崇高なものを求め、高邁な次元に昇っていくと、仏教は教えているのである。

略号

AKBh: *Abhidharmakośabhāṣyam of Vasubandhu*, second edition, editied by P. Pradhan, Patna: K. P. Jayaswal Research Institute, 1975.

AN: *The Anguttara-Nikāya*, 5 vols., edited by Richard Morris and Edmund Hardy, London: Pali Text Society, 1885–1900.

Ap: *The Apadāna of the Khuddaka Nikāya*, 2 vols., London: Pali Text Society, 1925–1927.

ASPP: *Aṣṭasāhasrikā Prajñāpāramitā*, edited by P. L. Vaidya, Darbhanga: The Mithila Institute, 1960.

BCAP: *Prajñākaramati's commentary to the Bodhicaryāvatāra of Çāntideva*, edited by Louis de La Vallée Poussin, Calcutta: 1901–1914.

BhGS: *Bhaiṣajyaguru-sūtra*, in *Gilgit manuscripts vol. I*, edited by Nalinaksha Dutt, Calcutta: Calcutta Oriental Press, 1939.

BoBh: *Bodhisattvabhūmiḥ* [*Being the XVth Section of Asaṅgapāda's Yogācārabhūmiḥ*], edited by Nalinaksha Dutt, Patna: K. P. Jayaswal Research Institute, 1966.

Bv: *Buddhavaṃsa* in *Buddhavaṃsa and Cariyāpiṭaka*, edited by N. A. Jayawickrama, London: Pali Text Society, 1974.

D: Derge.

DBhS: *Daśabhumīśvaro nāma mahāyānasūtraṃ*, edited by Ryūkō Kondō, Tokyo: Daijō Bukkyō Kenyōkai, 1936.

DhS: *Dharmasamuccaya*, edited by Vijayasankar Caube, Varanasi: Sampurnanda Sanskrit University, 1993.

DhsA: *Atthasālinī: Commentary on Dhammasangani, the First Book of the Abhidhammapitaka of the Buddhists of the Theravāda School*, edited by P. V. Bapat and R. D. Vadekar, Poona: Bhandarkar Oriental Institute, 1942.

DivA: *The Divyāvadāna: A Collection of Early Buddhist Legends; now first edited from the Nepalese Sanskrit MSS. in Cambridge and Paris*, edited by E. B. Cowell and R. A. Neil, Cambridge: University Press, 1886.

DN: *The Dīghanikāya*, 3 vols., edited by T. W. Rhys Davids and J. Estlin Carpenter, London: Pali Text Society, 1890–1911.

DZZ:『原文対照現代語訳　道元禅師全集』全十七巻、春秋社、一九九九―二〇一二。

GVS: *Gaṇḍavyūhasūtra*, edited by P. L. Vaidya, Darbhanga: The Mithila Institute, 1960.

JA: *The Jātaka Together with its Commentary: Being Tales of the Anterior Births of Gotama Buddha. For the First Time Edited in the Original Pāli*, edited by V. Fausböll, 6 vols., London: Pali Text Society, 1877–1896.

KPS: *Karuṇāpuṇḍarīka vol. II*, edited with introduction and notes by Isshi Yamada, London: School of Oriental and African Studies, University of London, 1968.

MAS: *Das Mahāvadānasūtra: Ein kanonischer Text über die sieben letzten Buddhas – Sanskrit, verglichen mit dem Pāli nebst einer Analyse der in chinesischer Übersetzung überlieferten Parallelversionen, Teil II*, edited by Ernst Waldschmidt, Berlin: Akademie-Verlag, 1956.

MN: *The Majjhima-Nikāya*, 3 vols., edited by V. Trenckner and R. Chalmers, London: Pali Text Society, 1888–1925.

Mp: *The Milindapañho: Being Dialogues between King Milinda and the Buddhist Sage Nāgasena*, edited by V. Trenckner, London: Pali Text Society 1890.

MSg: *Mahāyānasaṃgraha*, in: 長尾雅人［1982］［1987］.

MV: *Le Mahâvastu: Texte sanscrit publié pour la premiére fois et accompagné d'introductions et d'un commentaire*, 3 vols., edited by É. Senart, Paris: Imprimerie Nationale, 1882–1897.

ND: 日本大蔵経編纂会（編）『日本大蔵経』全四十八巻、日本大蔵経編纂会、一九一四―一九二一二。

P: Peking.

PmS: *Prātimokṣa-sūtra*, in: *Two Buddhist Vinaya Texts in Sanskrit, Prātimokṣa Sūtra and Bhikṣukarmavākya*, edited by Anukul Chandra Banerjee, Calcutta: the World Press Private Limited, 1977.

PVSPP I-1: *Pañcaviṃśatisāhasrikā Prajñāpāramitā I-1*, edited by Takayasu Kimura, Tokyo: Sankibo Busshorin, 2007.

PVSPP IV: *Pañcaviṃśatisāhasrikā Prajñāpāramitā IV*, edited by Takayasu Kimura, Tokyo: Sankibo Busshorin, 1990.

RĀ: *Ratnāvalī*, in Michael Hahn [1982].

RPP: *Rāṣṭrapālaparipṛcchā: sūtra du Mahāyāna*, publié par L. Finot, St. Petersburg: Commissionnaires de l'Académie Impériale des Sciences, 1901.

SNKBT: 佐竹昭広、大曽根章介、久保田淳、中野三敏（編）『新日本古典文学大系』全百巻、岩波書店、一九八九—二〇〇五。

SBhUC: *Samayabhedoparacanacakra*, in 寺松婉雅、平松友嗣（編訳註）[1935]。

SN: *The Saṃyutta-Nikāya*, 5 vols., edited by Leon Feer, London: Pali Text Society 1884–1898.

SNS: *Saṃdhinirmocanasūtra: L'explication des Mystères*, Texte Tibétain edited and translated by Étienne Lamotte, Louvain and Paris: Adrien-Maisonneuve, 1935.

SPS: *Saddharmapuṇḍarīka-sūtra*, edited by Hendrik Kern and Bunyiu Nanjio, St. Pétersbourg: Imprimerie de l'Académie Impériale des Sciences, 1908–1912.

SRS: *Samādhirāja-sūtra*, in *Gilgit manuscripts vol. II, parts 1–3*, edited by Nalinaksha Dutt, Calcutta: Calcutta Oriental Press, 1941–1954.

ŚS: *Çikṣāsamuccaya: A compendium of Buddhistic teaching compiled by Çāntideva chiefly from earlier mahāyāna sūtras*, edited by Cecil Bendall, St.-Petersbourg: Imprimerie de l'Académie Impériale des Sciences, 1902.

T: 高楠順次郎、渡辺海旭、小野玄妙（編）『大正新脩大蔵経』全百巻、大正一切経刊行会、一九二四―一九三四。

Vibh: *The Vibhaṅga: Being the Second Book of the Abhidhamma Piṭaka*, edited by C. A. F. Rhys Davids, London: Pali Text Society, 1904.

VKN: *Vimalakīrtinirdeśa*, edited by Study group on Buddhist Sanskrit literature, Tokyo: Institute for comprehensive studies of Buddhism, Taisho University, 2006.

VP: *The Vinaya Piṭakaṃ*, 5 vols., edited by Hermann Oldenberg, London: Pali Text Society, 1879–1883.

YBh: *The Yogācārabhūmi of Ācārya Asaṅga: the Sanskrit Text compared with the Tibetan*

Version, edited by Vidhushekhara Bhattacharya, Calcutta: University of Calcutta, 1957.

岡田真美子［1991］「Rāṣṭrapālaparipṛcchā 中の菩薩前世50話」、前田専学先生還暦記念『〈我〉の思想』春秋社。

静谷正雄［1975］「チベット訳『聖・燃燈授記大乗経』について」、『印度学仏教学研究』二四・一、印度学仏教学会。

寺松婉雅、平松友嗣（編訳註）［1935］『蔵漢和三訳対校　異部宗輪論・異部宗精釈・異部説集』黙働社。

長尾雅人［1982］『摂大乗論　和訳と注解　上』講談社。

長尾雅人［1987］『摂大乗論　和訳と注解　下』講談社。

中村元［2010］『慈悲』講談社、講談社学術文庫。

中村元（監修・補注）、阿部慈園、辛島静志、岡田行弘、岡田真美子（訳）［1988］『ジャータカ全集10』春秋社。

中村元・早島鏡正（訳）［1964］『ミリンダ王の問い3　インドとギリシアの対決』平凡社、東洋文庫。

福田琢［1999］「加藤清遺稿　蔵文和譯『世間施設』（1）」、『同朋仏教』三四、同朋大学仏教学会。

藤田宏達［1964］「在家阿羅漢論」、『結城教授頌寿記念仏教思想史論集』大蔵出版。

森章司［2001］「在家阿羅漢について」、『東洋学論叢』二六、東洋大学文学部。

山崎良順（訳）［1940］「譬喩経（阿波陀那）」、『南伝大蔵経　第二十七巻　小部経典五』大蔵出版。

Hahn, Michael [1982], *Nāgārjuna's Ratnāvalī: vol. 1, The Basic Texts (Sanskrit, Tibetan, Chinese)*, Bonn: Indica et Tibetica Verlag.

Malalasekera, G. P. [1938], *Dictionary of Pāli proper names*, vol. II, London: John Murray.

Matsumura, Junko [2011], "An Independent Sūtra on the Dīpaṃkara Prophecy: Tibetan Text and English Translation of the *Ārya-Dīpaṃkara-vyākaraṇa nāma Mahāyānasūtra*,"『国際仏教学大学院大学研究紀要』一五。

Matsumura, Junko [2012], "The Formation and Development of the Dīpaṃkara Prophecy Story: The *Ārya-Dīpaṃkara-vyākaraṇa nāma Mahāyānasūtra* and Its Relation to Other Versions,"『印度学仏教学研究』六〇・三。

Okada, Yukihiro [1990], *Nāgārjuna's Ratnāvalī, vol. 2, Die Ratnāvalīṭīkā des Ajitamitra*, Bonn: Indica et Tibetica Verlag.

注

1 序章

『ジャータカ・アッタカター』。

evaṃ sabbaṅgasampannā bodhiyā niyatā narā
saṃsaraṃ dīghaṃ addhānaṃ kappakoṭisatehi pi
avicimhi na uppajjanti, tathā lokantaresu ca,
nijjhāmataṇhā khuppipāsā na honti kālakañjakā,
na honti khuddakā pāṇā uppajjantāpi duggatiṃ,
jāyamānā manussesu jaccandhā na bhavanti te,
sotavekalyatā n' atthi, na bhavanti mūgapakkhikā,
itthibhāvaṃ na gacchanti, ubhatovyañjanapaṇḍakā
na bhavanti pariyāpannā bodhiyā niyatā narā,
muttā ānantarīkehi sabbattha suddhagocarā

micchādiṭṭhiṃ na sevanti kammakiriyadassanā,
vasamānāpi saggesu asaññaṃ na uppajjare,
suddhāvāsesu devesu hetu nāma na vijjati,
nekkhammaninnā sappurisā visaṃyuttā bhavābhave
caranti lokatthacariyāyo pūrentā sabbapāramī.（JA vol. I, 44–45）

2 『阿毘達磨大毘婆沙論』。

復次、修妙相業時、捨五劣事、得五勝事。
一捨諸悪趣、恒生善趣。
二捨下劣家、恒生貴家。
三捨非男身、恒得男身。
四捨不具根、恒具諸根。
五捨有忘失念、恒得自性生念。
由此得名真実菩薩。未修妙相業時、与此相違。是故不名真実菩薩。

（巻百七十六。T27, 887a）

3 『マハーヴァストゥ』。

yadi kadācit（corr. : kecit）kathaṃcid āryāpavādahetoḥ saptasu bhūmiṣu vartamānā avīciṃ mahānirayaṃ gacchanti atha khalu pratyekanirayaṃ gacchanti. preteṣu atyantakāyeṣu nopapadyanti. asureṣu nopapadyanti. kṣudratiryagyoniṃ na gacchanti. uttarakuruṣu na upapadyanti. strītvaṃ na gacchanti. vipaṇḍakatvaṃ na gacchanti. tathā khalu sarvāsu daśabhūmiṣu puruṣā bhavanti sarvāṅgapratyaṅgopetā avikalendriyāḥ.

（MV vol. I, 103, 7–12）

4 『瑜伽師地論』本地分中菩薩地菩提品。

na ca strī anuttarāṃ samyaksaṃbodhim asaṃbudhyate. tat kasya hetoḥ. tathā hi bodhisattvaḥ prathamasyaiva kalpāsaṃkhyeyasyātyayāt strībhāvaṃ vijahāti. bodhimaṇḍaniṣadanam upādāya na punar jātu strī bhavati. prakṛtyā ca bahukleśo duṣprajñaś ca bhavati sarvo mātṛgrāmaḥ. na ca prakṛtyā bahukleśasantānena duṣprajñasantānena ca śakyam anuttarāṃ samyaksaṃbodhim abhisaṃboddhum.

（BoBh 66, 9–10）

第一章

1 『サンユッタ・ニカーヤ』『アングッタラ・ニカーヤ』。

na te kāmā yāni citrāni loke ‖ saṅkapparāgo purisassa kāmo ‖
tiṭṭhanti citrāni tath' eva loke ‖ ath' ettha dhīrā vinayanti chandam ‖

（SN vol. I, 22; AN vol. III, 411）

2 『ダンマサンガニ・アッタカター』。

kāmesu micchācāro ti ettha pana **kāmesū** ti methunasamācāresu.（DhsA 81, 12）

3 『瑜伽師地論』本地分中有尋有伺等三地。

kāmeṣu cāritram āpadyata iti dvayadvayasamāpattir iha kāmo 'bhipretaḥ.（YBh 174, 14）

4 『ヴィバンガ』。

tattha katamaṃ kāyaduccaritaṃ.

pāṇātipāto adinnādānaṃ kāmesu micchācāro: idaṃ vuccati kāyaduccaritaṃ.（Vibh 363）

5 『阿毘達磨集異門足論』。

身悪行云何。

答。断生命、不与取、欲邪行。

復次、断生命、不与取、非梵行。

復次、諸所有不善身業、諸所有非理所引身業、諸所有身業能障礙定、総名身悪行。

（巻三。T26, 378ab）

6 『薩婆多毘尼毘婆沙』。

凡犯罪有三種。一犯業道罪、二犯悪行罪、三犯戒罪。

須提那於三罪中得犯悪行罪。婬是悪法故。

無業道罪。自己妻故。

無犯戒罪。仏未結戒故。
林中比丘得二罪。得悪行罪。婬是悪法故。得業道罪。雌獼猴属雄獼猴故。
不得犯戒罪。仏未結戒故。
此二比丘倶名先作。是故無犯戒罪。（巻二。T23, 514a）

7 『薩婆多毘尼毘婆沙』。
又諸仏法爾、婬是悪行。（巻三。T23, 519a）

8 『阿毘達磨順正理論』。
然非梵行不善業摂。（巻四十二、辯業品。T29, 582b）

9 『成実論』。
婬欲名決定不善。（巻七、三業品。T32, 292a）

10 『瑜伽師地論』本地分中菩薩地戒品。
asti kiñcit prakṛtisāvadyam api [yad] bodhisattvas tadrūpeṇopāyakauśalyena samudācarati yenānāpattikaś ca bhavati bahu ca puṇyaṃ prasūyate.（BoBh 113, 18–19）

11 『瑜伽師地論』摂決択分中声聞地。
de la mi dge ba ni rang bzhin gyis kha na ma tho ba dang bcas pa gang ci yang rung ba'o ||（D no. 4038, Zhi 241b1; P no. 5539, Zi 255a1）

12 『瑜伽師地論』摂律分。

de la rang bzhin gyis (D : gyi P) kha na ma tho ba dang bcas pa gang zhe na | rang bzhin gyis mi dge ba gang yin pa ste | (D no. 4040, 'I 7a6; P no. 5541, Yi 8b4-5)

第二章

1 『阿毘達磨大毘婆沙論』。

問。於何趣中有幾不善業道可得。

答。捺落迦趣有後五、非律儀非不律儀所摂。無断生命者、由彼無能断他命故。如説「於彼」乃至「所有悪不善業未尽滅吐、定不命終。」無不与取者、由彼無有受財分故。無欲邪行者、由彼無有摂受妻室故。無虚誑語及離間語者、無摂受虚誑語事故。常無和合故。有麁悪語者、苦受所逼故。有雑穢語者、非時説故。貪欲瞋恚邪見具有。未離欲故。

傍生鬼趣皆具十種、非律儀非不律儀所摂。

人趣三洲具十不善業道、或不律儀所摂、或非律儀非不律儀所摂。北拘盧洲有後四、非律儀非不律儀所摂。無断生命者、定寿千歳、無中夭故。及性淳善、定升進故。無不与取者、彼無摂受自他分故。無欲邪行者、無摂受妻室故。彼若欲作非梵行時、与彼女人共詣樹下。若所応者、樹枝低覆、令彼和合。若不覆者、並愧而離。無虚誑語者、無有摂受虚誑語事故。無離間語者、由彼有情恒和好故。無麁悪語者、由彼常説軟美言故。有雑穢語者、由彼非時歌詠戯笑故。貪欲瞋恚邪見具有、未離欲故。

欲界天中具十不善業道。非律儀非不律儀所摂。（巻百十三。T27, 584bc）

2 『瑜伽師地論』本地分中有尋有伺等三地。

tatra triṣu dvīpeṣu jambūdvīpe pūrvavidehe 'varagodānīye ca dāraparigraha āvāhavivāhaś ca prajñāyate. uttareṣu kuruṣv amamatvād aparigrahatvāt teṣāṃ sattvānāṃ nāsti dāraparigraho nāvāhavivāhāḥ. yathā triṣu dvīpeṣv evaṃ preteṣu（corr. : preta-）maharddhikeṣu（corr. : -[nara]keṣu）kāmāvacareṣu ca deveṣu. sthāpayitvā nirmāṇaratīn paranirmitavaśavartinaś ca devān.（YBh 100, 21–101, 3）

3 『アパダーナ』（修正の一部は山崎良順〔訳〕［1940: 479］による）。

kappe satasahasse ca caturo ca asaṅkhiye |
dīpaṅkaro mahāvīro uppajji lokanāyako ‖
paccantadesavisaye nimantetvā tathāgataṃ |
tassa āgamanaṃ maggaṃ sodhenti tuṭṭhamānasā ‖
tena kālena so āsi sumedho nāma brāhmaṇo |
maggañ ca paṭiyādesi āyato sabbadassino ‖
tena kālen' ahaṃ āsiṃ kaññā brāhmaṇasambhavā |
sumittā nāma nāmena upagacchiṃ samāgamaṃ ‖
aṭṭha uppalahatthāni pūjanatthāya satthuno |

ādāya janasammajjhe addasaṃ isim uttamaṃ (corr. : uggataṃ) ‖
cirānugataṃ dassitaṃ atikantaṃ (corr. : patikantaṃ) manoharaṃ |
disvā tadā amaññissaṃ saphalaṃ jīvitaṃ mama ‖
parakkamantaṃ saphalaṃ addasaṃ isino tadā |
pubbakammena sambuddhe (corr. : sambuddho) cittañ cāpi pasīdi me ‖
bhiyyo cittaṃ pasādesiṃ ise uggatamānase |
deyyaṃ aññaṃ na passāmi demi pupphāni te ise (corr. : isiṃ) ‖
pañcahatthā tavaṃ hontu tato hontu mamaṃ ise |
tena siddhi saha hotu bodhanatthāya tavaṃ ise ‖
isi gahetvā pupphāni āgacchantaṃ mahāyasaṃ |
pūjesi janasammajjhe bodhanatthāya mahāisi ‖
passitvā janasammajjhe dīpaṅkaramahāmuni |
viyākāsi mahāvīro isim uggatamānasaṃ ‖
aparimeyy' ito kappe dīpaṅkaramahāmuni |
mama kammaṃ viyākāsi ujubhāvaṃ mahāmuni ‖
samacittā samakammā samakārī bhavissati |
piyā hessati kammena tuyh' atthāya mahāise ‖

sudassanā suppiyā ca manāpā（corr. : manasā）piyavādinī |
tassa dhammesu dāyādā piyā hessati itthikā ‖
yathāpi bhaṇḍasamuggaṃ anurakkhati sāmino（corr. : sāmi no）|
evaṃ kusaladhammānaṃ anurakkhissate（corr. : anurakkhiyate）ayaṃ ‖
tassa taṃ anukampantī（corr. : anukampanti）pūrayissati pāramī |
sīho va pañjaraṃ bhetvā（corr. : hetvā）pāpuṇissati bodhiyaṃ ‖
aparimmeyy' ito kappe yaṃ buddho viyākāri taṃ |
vācaṃ anumodantī taṃ evaṃkārī（corr. : evaṃ kārī）bhaviṃ ahaṃ ‖（Ap 587–588）

4　『アパダーナ』。
nekakoṭisahassāni bhariyatthāya dāsi maṃ |
na tattha vimanā homi tuyhatthāya mahāmune ‖（Ap 586）

5　『ディヴィヤ・アヴァダーナ』。
paścād dārikā kathayati: kiṃ mama kārṣāpaṇaiḥ kṛtyam. evam ahaṃ buddhāya dāsye, yadi tvam eṣāṃ padmānāṃ pradānaphalena mamāpi jātyāṃ jātyāṃ patnīm icchasy asya dānasya pradānakāle yady evaṃ praṇidhānaṃ karoṣi: jātyāṃ jātyāṃ mama bhāryā syād iti.（DivA 249, 24–27）

6　『四分律』。

其女報言。「摩納、何以惜我財物。我父名耶若達、自多饒財宝。摩納、欲買花者、与我作要誓。所生之処、常与我作夫耶。」（巻三十一。T22, 785a）

7 『マハーヴァストゥ』。

sā āha: samayato te paṃca utpalāni dadeham. yadi mama bhāryām upādiyasi yatra yatra upapadyasi ahaṃ ca tava bhāryā bhaveyaṃ tvaṃ ca mama svāmiko bhavesi.

（MV vol. I, 233, 7–8）

8 『ディーパンカラ授記経』。

des smras pa | gal te kho mo gang dang gang du skyes pa'i skye ba thams cad du khyod kho mo'i khyim thab tu 'gyur ba dam 'cha' na de'i phyir ud pa la sbyin no ‖

（Junko Matsumura［2011: 120–121］）

9 『ガンダヴューハ』（『大方広仏華厳経』入法界品）。

jātiṣv anantāsv api jātajātaś chidyeta kāyo yadi me 'timātram |
tad utsahe 'haṃ sthiradhīracittā bhartā bhava tvaṃ mama sādhurūpa ‖（GVS 323, 10–13）

10 『二万五千頌般若波羅蜜多』。

yasmin samaye śāriputra bodhisattvo mahāsattvaḥ prajñāpāramitāyāṃ caran vivardhate ṣaḍbhiḥ pāramitābhiḥ, tasmin samaya āttamanaskā bhavanti bodhisattvayānikāḥ kulaputrāḥ kuladuhitaraś ca vayam asya mātāpitarau bhaviṣyāmo bhāryāputrajñātisālohitā iti.（PVSPP-I 51, 25–28）

11 『異部宗輪論』。

byang chub sems dpa' rnams la 'dod pa'i 'du shes mi 'byung ngo ‖ gnod sems kyi 'du shes mi 'byung ngo ‖ rnam par 'tshe ba'i 'du shes mi 'byung ngo ‖（SBhUC 5, 14–16）

12 『マハーヴァストゥ』。

na khalu bho dhutadharmadhara bodhisattvā mātāpitṛnirvṛttā bhavanti, atha khalu svaguṇanirvṛttā upapādukā bhavanti.（MV vol. I, 145, 3–5）

13 『マハーヴァストゥ』。

atha rāhulas tuṣitakāyāc cyavitvā mātuḥ yaśodharāyāḥ kṣatriyakanyāyāḥ kukṣim avatīrṇa iti. evam anuśruyate bho dhutadharmadhara. rājānaś cakravartinaḥ aupapādukā babhūvu. tad yathā kusumacūḍaḥ hemavarṇaḥ gāndharvaḥ sumālaḥ ratnadaṇḍaḥ suvimānaḥ ārjavaḥ māndhātā sunayaḥ suvastraḥ bahupakṣaḥ toragrīvaḥ maṇivirajaḥ pavanaḥ marudevaḥ supriyaḥ tyāgavāṃ śuddhavaṃśaḥ durāroha iti. ity evam ādayaś cakravartigaṇāḥ aupapādukā āsan na tathā rāhulabhadra iti.（MV vol. I, 153, 14–154, 3）

14 『マハーヴァストゥ』。

na ca maithunasambhūtaṃ sugatasya samucchritam |
mātāpitṛñ ca deśenti eṣā lokānuvartanā ‖

dīpaṃkaram upādāya vītarāgas tathāgataḥ |
rāhulaṃ putraṃ darśeti eṣā lokānuvartanā ‖ (MV vol. I, 170, 1–4)

15 『方便善巧経』(『大宝積経』大乗方便会)。

ci'i phyir na byang chub sems dpa' chung ma len ce na | byang chub sems dpa' ni 'dod pa dgos par byed pa ma yin no ‖ de ci'i phyir zhe na | skyes bu dam pa de ni de'i tshe 'dod pa dang bral ba yin mod kyi | byang chub sems dpa' ni nges par skyes par (D : pas) bstan dgos te | sems can kha cig byang chub sems dpa' la skyes pa ma yin gyi (P : D ad. nga la) ma ning gi rang bzhin can no zhes gang (P : D om. gang) de snyam du sems par (D : dpar P) (corr. : DP ad. mi) 'gyur zhing de dag gi the tshom bcad pa dang | 'di lta ste | sras nor sbyin len bstan pa'i phyir byang chub sems dpas shā kya'i bu mo grags 'dzin ma la sogs pa blangs so ‖ nor sbyin 'dzin mer mer po las gyur pa'o zhes gang de snyam du 'dzin na de ltar mi blta'i | nor sbyin 'dzin ni lha las shi 'phos te | 'dir skyes pas pha ma'i mer mer po las gyur pa ma yin gyi | rdzus te skyes par shes par bya'o ‖ yang sngon gyi smon lam gyis shā kya'i bu mo grags 'dzin blangs pa yin te | mar me mdzad tshun chad skye ba'i tha ma'i bar du khyod kyi chung mar gyur cig ces smon lam btab pa | sangs rgyas la dge ba'i rtsa ba bskyed pa de yang slu bar mi 'gyur bas na de'i phyir shākya'i bu mo grags 'dzin blangs so ‖ yang sems can 'di dag ni 'dod pa'i nyes pa can khyim gyi bya ba la zhen pa yin pas de dag spangs te | rab tu 'byung bar mi nus nas de dag gi phyir yang byang chub sems dpa' sems dpa' chen po (D : P ad. ni) g-yog len to ‖ yang 'di ni chung ma bzang mo'i g-yog 'di lta bu (D : bu'i P) spangs te rab tu byung na | bdag lta ci'i phyir rab tu mi 'byung zhes de snyam du sems par 'gyur zhing yang byang chub sems dpas byang chub sems dpa'i spyad pa spyod pa na | gang bud med gzhon nu dag yongs su smin par byas nas de dag kyang mdza' (D : 'dza' P) ba yid gcugs (D : btsugs P) pas srid pa tha ma'i bar du bdag cag ni khyod kyi chung mar gyur cig ces smon lam btab la | de dag gi (corr. : gis DP) chos dkar po de rnams kyang shin tu yongs su smin par bya ba'i phyir byang chub sems dpa' g-yog len te | de la byang chub sems dpa' slas kyi nang na gnas nas bud med bzhi khri nyis stong bla na med pa yang dag par rdzogs pa'i byang chub tu yongs su smin par byas so ‖ lhag ma dag kyang mi ltung ba'i chos dang ldan par byas so ‖ rnam grangs de'i phyir yang byang chub sems dpa' g-yog (D : P ad. mi) len gyi | gang bud med 'dod chags kyi (corr. : kyis DP) yongs su gdung (P : gdungs D) bas (P : pas D) yongs su gdung ba de yang byang chub sems dpa' mthong ma thag tu bdag tu 'dod chags dang bral bar shes so ‖ yang byang chub sems dpa' ni bdag gi chu zheng dang 'dra bar sprul pa dag sprul nas bud med de dag sprul pa de rnams dang rtse dga' yongs su spyod cing bdag cag ni byang chub sems dpa' dang lhan cig tu rtse dga' (corr. : DP ad.

zhing) yongs su spyod do snyam du sems mod kyi | byang chub sems dpa' sems dpa' chen po bsam gtan dang ting nge 'dzin gyi dga' ba dang bde ba la gnas so ‖ 'di la sprul pa rnams kyi 'dod pa la dga' ba dang yongs su spyod pa ji lta ba mar me mdzad tshun chad kyi byang chub sems dpa'i 'dod pa la yongs su spyod pa thams cad kyang de bzhin du blta'o ‖（D no. 261, Za 298a6–299a2; P no. 927, Zhu 313b5–314b1）

16 『涅槃経』。

de bzhin gshegs pa ni 'khrig pa las byung ba ma yin te sgra gcan zin gyi phar gyur par bstan pa dang | rang gi pha ma bstan pa yang 'jig rten dang 'thun par bya ba tsam du zad do ‖ lha dang mi dang lha ma yin rnams kyis ni mi'i de bzhin gshegs pa'o snyam du yang dag par shes so ‖（D no. 120, Tha 63a3–4; P no. 788, Tu 64a1–2）

17 『十地経』。

punar aparaṃ bho jinaputra dharmameghāyāṃ bodhisattvabhūmau sthito bodhisattva ekasminn api lokadhātau tuṣitavarabhavanavāsam upādāya cyavanāvakramaṇagarbhasthitijanmābhiniṣkramaṇābhisaṃbodhanādhyeṣaṇamahādharmacakrapravartanamahāparinirvāṇabhūmir iti sarvatathāgatakāryam adhitiṣṭhati. yathāśayeṣu sattveṣu yathāvaineyikeṣu. evaṃ dvayor api yāvad anabhilāpyānabhilāpyeṣv api lokadhātuṣu tuṣitavarabhavanavāsam upādāya cyavanāvakramaṇagarbhasthitijanmābhiniṣkramaṇābhisaṃbodhanādhyeṣaṇamahādharmacakrapravartanamahāparinirvāṇabhūmir iti sarvatathāgatakāryam adhitiṣṭhati. yathāśayeṣu sattveṣu yathāvaineyikeṣu.

(DBhS 191, 6–12)

18 『首楞厳三昧経』。

blo gros brtan pa gzhan yang dpa’ bar ’gro ba’i ting nge ’dzin la gnas pa’i byang chub sems dpa’ ni tshul khrims len par mi byed de | de ni tshul khrims kyi chos nyid las kyang mi g-yo la sems can gzhan gdul ba’i phyir tshul khrims kyang len par byed | bslab pa yang yongs su ’dzin par byed | cho ga dang spyod pa yang ston la ltung ba las byung bar yang shes | ’thol ba dang | ’chags (D : chags P) par yang byed la de thams cad du ltung ba med pa’i chos dang yang ldan pa yin | de sems can yongs su smin par bya ba’i phyir ’dod pa’i khams su skye ste | ’khor los sgyur ba’i rgyal por gyur nas | bud med kyi tshogs kyis mdun du bdar cing | btsun mo’i ’khor gyi nang du gnas te | ’dod pa la longs spyod par yang snang zhing | bu pho dang | bu mo dang | chung mas gzir ba’i khyim na yang gnas la (D : P om. la) | de yang ’dod chags dang bral ba | ting nge ’dzin gyi chos nyid la gnas pa | tshul khrims yongs su dag pa | legs par mthong bas srid pa la skyon du lta ba yin te | blo gros brtan pa de ni dpa’ bar ’gro ba’i ting nge ’dzin la gnas pa’i byang chub sems dpa’i tshul khrims kyi pha rol phyin pa yongs su sbyang (P : sbyong D) ba byed pa'i bye brag tu blta'o ‖ (D no. 132, Da 265b4–266a1; P no. 800, Thu 290a1–5)

19 『解深密経』。

bcom ldan 'das sprul pa'i sku ston pa'i thabs la mkhas pa gang lags par blta bar bgyi lags | 'jam dpal sprul pa'i sku ston pa'i thabs la mkhas pa ni stong gsum gyi stong chen po'i sangs rgyas kyi zhing thams cad du bdag por grags pa'am | sbyin gnas su grags pa'i khyim du mngal du 'jug pa dang | btsas pa dang | skye ba dang 'dod pa la longs spyod pa dang | mngon par 'byung ba dang | dka' ba spyad pa cig car kun tu ston pa dang | de gtong ba dang | mngon par rdzogs par byang chub pa'i rim pa kun tu ston pa yin par blta bar bya'o ‖ (SNS X. 4)

20 『摂大乗論』。

sprul pa'i sku ni gang chos kyi sku la brten pa nyid de dga' ldan gyi gnas na bzhugs pa nas gzung ste | 'pho ba dang | bltam ba dang | 'dod pa la spyod pa dang | mngon par 'byung ba dang | mu stegs can gyi gan du gshegs pa dang | dka' ba spyod pa dang | mngon par rdzogs par byang chub pa dang | chos kyi 'khor lo bskor ba dang | yongs su mya ngan las 'das pa chen po kun tu ston pa'i phyir ro ‖ (MSg X. 1)

第三章

1 『阿毘達磨施設論』世間施設。

ji ltar 'dzam bu'i gling gi mi rnams mi tshangs par spyod pa 'khrig pa'i chos bsten pa na (P : ni D) gnyis kyis gnyis sbyor ba yod pa (D : P om. yod pa) bzhin du shar gyi lus 'phags pa rnams dang | nub kyi ba lang spyod (D : P om. spyod) pa rnams dang | byang gi sgra mi snyan pa rnams dang | rgyal chen bzhi'i lha rnams dang | sum cu rtsa gsum pa rnams kyang (P : dang D) de bzhin no ‖ 'thab bral ba rnams ni 'khyud pa tsam gyis gdung ba zhi bar 'gyur ro ‖ dga' ldan pa rnams kyi (D : kyis P) ni lag pa nas bzung ba tsam gyis so ‖ 'phrul dga' ba rnams kyi (D : kyis P) ni (D : P om. ni) bgad (D : brgad P) pa tsam gyis so ‖ gzhan 'phrul dbang byed pa rnams kyi ni bltas pa tsam gyis gdung ba zhi bar 'gyur ro ‖ (D no. 4086, Yi 13b5–7; P no. 5588, Khu 16a2–5)

2 『瑜伽師地論』本地分中有尋有伺等三地。

tatrāyaṃ maithunaparibhogo nārakāṇāṃ sattvānāṃ sarveṇa sarvaṃ nāsti. tathā hi te tīvraṃ ca duḥkhaṃ pratyanubhavanti vicitraṃ ca dīrghaṃ ca nirantaraṃ ca. tataś ca teṣāṃ puruṣāṇāṃ strīṣu strīcchanda eva notpadyate. strīṇāṃ ca puruṣe puruṣacchanda eva notpadyate. kutaḥ punar anyonyaṃ dvayasamāpattiṃ samāpatsyante. tiryakṣu preteṣu manuṣyeṣu sukhaduḥkhavyatikīrṇatvād āśrayāṇām asti maithunayogaḥ. te cānyonyaṃ（corr. : cānyo 'nyaṃ）striyaś ca puruṣāś ca dvayadvayaṃ samāpadyante. aśuciṃ（corr. : aśuci）ca muñcanti. devānāṃ kāmāvacarāṇām asti maithunasaṃyogo no cāśucinirmokṣaḥ. nirgacchan vāyur eva nirgacchatīndriyadvāreṇa. tatra cāturmahārājakāyikānāṃ dvayadvayasamāpattyā dāho vigacchati. yathā cāturmahārājakāyikānām evaṃ trāyastriṃśānām（corr. : trāyastriśānāṃ）. yāmānām anyonyaṃ pariṣvajanamātrakeṇa dāho vigacchati. tuṣitānām anyonyaṃ pāṇigrahaṇamātrakeṇa（corr. : parigrahaṇamātrakeṇa）dāho vigacchati. nirmāṇaratīnām anyonyaṃ hasitamātrakeṇa dāho vigacchati. paranirmitavaśavartinām anyonyaṃ cakṣuṣā cakṣur upanidhyāya nirīkṣitamātrakeṇa dāho vigacchati.（YBh 100, 9–21）

3 『波羅提木叉』。

yo pana bhikkhu bhikkhūnaṃ sikkhāsājīvasamāpanno sikkhaṃ apaccakkhāya dubbalyaṃ anāvikatvā methunaṃ dhammaṃ paṭiseveyya antamaso tiracchānagatāya pi, pārājiko hoti asaṃvāso.（VP vol. III, 23）

4 『方便善巧経』（『大宝積経』大乗方便会）。

rigs kyi bu ngas mngon par shes pa 'das pa'i bskal pa grangs med pa'i pha rol gyi yang shin tu pha rol na khye'u skar ma zhes bya ba zhig yod de | de nags kyi 'dabs na lo bzhi khri nyis stong du tshangs par spyod pa spyad nas | de lo bzhi khri nyis stong 'das pa na rgyal po'i pho brang 'byor pa zhes bya bar phyin nas de grong khyer chen po der song ba dang | chu chun ma zhig gis (D : gi P) khye'u bzang po de mthong nas 'dod pa'i 'dod chags kyis yongs su zin pa'i sems dang ldan pas khye'u de'i mdun du brgyugs te phyag 'tshal to ‖ de nas rigs kyi bu khye'u skar mas bud med de (D : P om. de) la 'di skad ces smras so ‖ sring mo khyod ci 'dod | mos de la 'di skad ces smras so ‖ khye'u bdag khyod 'tshal lo ‖ khos de la 'di skad ces smras so ‖ sring mo kho bo ni 'dod pa dgos pa ma yin no ‖ mos de la 'di skad ces smras so ‖ gal te bdag khyod dang mjal (D : 'jal P) bar mi 'gyur na | bdag 'gum par 'gyur ro ‖ de nas khye'u skar mas 'di snyam du bsams so ‖ gang bdag gis lo bzhi khri nyis stong gi bar du tshangs par spyod pa spyad nas brtul zhugs gzhig pa ni bdag gi mi cha'o snyam nas nan gyis mthon (P : 'then D) te bud med des btang nas gom pa bdun 'phags pa dang | de gom pa bdun pa la gnas nas snying rje skyes te | bdag gis (D : gi P) brtul zhugs 'di bshig nas sems can dmyal bar song bar gyur kyang sems can dmyal ba'i sdug bsngal de myong bar bzod kyi | bud med 'di shir 'ong gis (D : gi P) bde bar gyur cig ces | rigs kyi bu khye'u skar ma de kha slar log ste | bud med de lag pa g-yas pas bzung nas sring mo khyod ci 'dod pa byas longs shig ces de smras so ‖ de nas khye'u skar ma lo bcu gnyis kyi bar du khyim na gnas nas slar yang mngon par byung ste | tshangs pa'i gnas bzhi bskyed nas shi 'phos pa dang | tshangs pa'i 'jig rten du skyes so ‖ rigs kyi bu khyod de'i tshe de'i dus na khye'u skar ma zhes bya ba de gzhan yin snyam du de ltar ma lta zhig | de ci'i phyir zhe na | de'i tshe de'i dus na nga ni khye'u skar mar gyur to ‖ grags 'dzin ma ni chu chun du gyur to ‖ rigs kyi bu nga 'dod pa ngan pa dang ldan pa'i snying rje chen po'i sems bskyed（D : skyed P）pas kyang bskal pa stong phrag bcu'i bar du 'khor ba la rgyab kyis bltas（corr. : ltas DP）shing spangs par gyur to ‖（D no. 261, Za 288a1–b2; P no. 927, Zhu 303a6–303b7）

部分的に梵文が回収される。

upāyakauśalyasūtre jyotir māṇavakaṃ dvācatvāriṃśadvarṣasahasrabrahmacāriṇam adhikṛtya saptame pade sthitasya kāruṇyam utpadyeta: kiṃ cāpy aham idaṃ vrataṃ khaṇḍayitvā nirayaparāyaṇaḥ syām, tathāpy utsahe 'haṃ nairayikaṃ duṣkhaṃ prativedayitum. atha ceyaṃ strī sukhitā bhavatu, mā kālaṃ karotu. iti hi kulaputra jyotir māṇavakaḥ paścān mukhaṃ（corr. : mukho）nivartya tāṃ striyaṃ dakṣiṇena pāṇinā gṛhītvaivam āha: uttiṣṭha bhagini yathākāmakaraṇīyas te bhavāmīti —pe— so 'haṃ kulaputra mahākāruṇyacittotpādenetvareṇa kāmopasaṃhitena daśakalpasahasrāṇi paścān mukham akārṣam. paśya kulaputra yad anyeṣāṃ nirayasaṃvartanīyaṃ karma, tad upāyakuśalasya bodhisatvasya brahmalokopapattisaṃvartanīyam iti.（ŚS 167, 3–10）

5 『瑜伽師地論』本地分中菩薩地戒品。

yathāpi tad gṛhī bodhisattvo 'brahmacaryeṣaṇārtaṃ tatpratibaddhacittam aparaparigṛhītaṃ mātṛgrāmaṃ maithunena dharmeṇa niṣevate, mā haivāghātacittatāṃ pratilabhya bahv apuṇyaṃ prasoṣyati, yathepsitakuśalamūlasanniyoge ca vaśyā bhaviṣyaty akuśala[mūla]parityāge cety anukampācittam evopasthāpyābrahmacaryaṃ maithunaṃ [dharmaṃ] pratiṣevamāno 'py anāpattiko bhavati, bahu ca puṇyaṃ prasūyate. pravrajitasya punar bodhisattvasya śrāvakaśāsanābhedam（corr. : śrāvakaśāsanabhedam）anurakṣamāṇasya sarvathā na kalpate 'brahmacaryaniṣevaṇam.

（BoBh 114, 17–23）

6 『大日経』。

'dod pas log par g-yem pa las slar ldog par bya ste | des gzhan gyis yongs su bzung ba'i chung ma dang rigs dang mtshan ma dang | chos kyis bsrungs（D : srungs P）pa rnams la chags sems kyang bskyed（D : bskyad P）par mi bya na | yan lag ma yin par spyod pa'am | dbang po gnyis sprod pa lta smos kyang ci dgos | gzhan du na dngos po de lta bu dag la bya ba ni ma gtogs so ‖（D no. 494, Tha 219a4–5; P no. 126, Tha 184a2–3）

7 『大日経広釈』。

skabs skabs nas mi（D : P om. mi）spyad par bya ba（D : P ad. ma yin pa）rnams la bkrol（D : gnang ba P）yang khyim pa'i phyogs su gtogs pa'i byang chub sems dpa' rnams la bya'i | rab tu byung ba rnams ni 'dul ba'i gzhung dang 'gal bas ma yin no zhes byang chub sems dpa'i tshul khrims kyi le'u las byung ngo ‖

(D no. 2663 Nyu 230a7–b1; P no. 3490, Cu 201a3–4)

8 『大日経疏』。

然菩薩有二種。若出家者、一切欲心、尚不得生。何論「他護」及非時等。然亦謂解相故、律具言也。若在家菩薩、於自妻非時等即名爲邪行。如『智度』於尸波羅蜜中具説也。

（巻十八。T39, 760a）

9 『大日経疏』。

如大本菩薩戒説。有菩薩、従生已来、修童真行、未尚面覩女色著心。当於山林修道、後年十八、因入村乞食。有童女、見其端厳美妙、生欲心、告言。「我於仁者深生欲心」。仁者行妙行、正為利一切耳。若我願不遂、恐致絶命。即是違仁本願而害衆生也」。彼菩薩種種呵欲過失、彼終不捨、以不獲所願、因即悶絶。時彼親属念言。「必是夜叉也。形貌異人。我女見而躄地。将不奪彼精気耶」。共持刀杖執縛、将欲害之。女少蘇已見之、即具告父母因縁。彼言。「是女之過。非比丘罪也」。即便捨之。女又追随不止。比丘念言。「若彼不得所求、必自喪命、而入悪道」。遂従彼願、多時和合。伺彼欲少息時、以法勧導、而説法利。彼女以深愛敬故、即順其命、共修梵行、成大法利。然此菩薩但以大悲方便、能以下劣、忍于斯事、而非欲貪所牽而作非法。若不由大悲、但以欲邪行心而作、即是犯戒。此也即是具智方便故爾。

（巻十八。T39, 760ab）

10 『大日経疏』。

若行婬盗殺妄、但於道有礙、非是絶成仏之根本。故但成偸蘭也。（巻十七。T39, 757c）

11 『三昧王経』。

kāmanāṃ kāraṇaṃ bālāḥ striyaṃ sevanti pūtikām |
pūtikāṃ gati gacchanti patante [te] na durgatim ||
kāmānna buddhā varṇenti nāpi strīṇāṃ niṣevaṇam |
mahābhayo 'hipāśo 'yamistripāśaḥ sudāruṇaḥ ||
vivarjayanti taṃ dhīrāścaṇḍamāśīviṣaṃ yathā |
na viśvasanti istrīṇāṃ naiṣa mārgo hi bodhaye ||
bhāventi bodhimārgaṃ ca sarvabuddhair niṣevitam |
bhāvayitvā ca taṃ mārgaṃ bhonti buddhā anuttarāḥ || (SRS 414, 1-8)

12 『阿毘達磨大毘婆沙論』。

如是説者、菩薩成就猛利智慧、善観功徳過失差別。諸女人身亦容具有功徳過失。菩薩、観察彼功徳時、勝於一切耽著欲者、若当観察彼過失時、勝於一切不浄観者。観彼功徳故有染習。（巻第百五十。T27, 766c–767a）

13 『マハーヴァストゥ』。

na khalu bho dhutadharmadhara bodhisattvāḥ tuṣitabhavanāt prabhṛti kāmāṃ pratisevanti.（MV vol. I, 153, 6）

14 『マハーヴァストゥ』。

paripiṇḍatvāt kuśalasya bodhisattvā kāmāṃ na pratisevanti kalyāṇādhyāśayatvāt agrādhyāśayatvāt praṇītādhyāśayatvāc ca bodhisattvā kāmāṃ na pratisevanti. akāmakāmitvāt jñānadhvajatvāt atatparāyaṇatvāt spṛhānupasthitatvāt bodhisattvāḥ kāmāṃ na pratisevanti. āryatvāt anīcatvāt kuśalaparibhāvitatvāc ca bodhisattvāḥ kāmān na pratisevante.（MV vol. I, 153, 9–13）

15 『二万五千頌般若波羅蜜多』。

evam ukta āyuṣmān śāriputro bhagavantam etad avocat: kiṃ punar bhagavann avaśyaṃ bodhisattvasya mātāpitṛbhyāṃ bhavitavyaṃ bhāryāputrajñātisālohitair bhavitavyam.

evam ukte bhagavān āyuṣmantaṃ śāriputram etad avocat: keṣāṃcic chāriputra bodhisattvānāṃ mahāsattvānāṃ mātāpitarau bhavataḥ bhāryāputrajñātisālohitā vā, keṣāñcid bodhisattvānāṃ mahāsattvānāṃ prathamacittotpādam upādāya brahmacaryasamādānaṃ te kumārabhūtā eva bodhisattvacārikāṃ caranto 'nuttarāṃ samyaksaṃbodhim abhisaṃbudhyante, kecid bodhisattvā mahāsattvā upāyakauśalyena ca pañca kāmaguṇān paribhujyābhiniṣkramyānuttarāṃ samyaksaṃbodhim

abhisaṃbudhyante. tad yathāpi nāma śāriputra dakṣo māyākāro vā māyākārāntevāsī vā suśikṣito bhaven māyāyāṃ, sa pañca kāmaguṇān abhinirmāya taiḥ pañcabhiḥ kāmaguṇai ramet krīḍet paricaret, tat kiṃ manyase śāriputra api nu tena māyākāreṇa vā māyākārāntevāsinā vā pañca kāmaguṇā āsvāditāḥ paribhuktā bhaveyuḥ.
śāriputra āha: no hīdaṃ bhagavan.
bhagavān āha: evam eva śāriputra bodhisattvo mahāsattva upāyakauśalyena ca pañca kāmaguṇān paribhuṅkte sattvānāṃ paripākahetoḥ. na punar bodhisattvo mahāsattvaḥ kāmaguṇair lipyate. anena paryāyeṇa bodhisattvo mahāsattvaḥ kāmānām avarṇaṃ bhāṣate, ādīptāḥ kāmā jugupsitāḥ kāmā badhakāḥ kāmāḥ pratyarthikāḥ kāmāḥ, evaṃ hi śāriputra bodhisattvo mahāsattvaḥ sattvaparipākahetoḥ pañca kāmaguṇān upādadāti.

（PVSPP I-1, 52, 12–53, 6）

16 『郁伽長者所問経』（『大宝積経』郁伽長者会）。
de skad ces gsol pa dang | bcom ldan 'das kyis khyim bdag drag shul can la 'di skad ces bka' stsal to ‖ khyim bdag 'di la byang chub sems dpa' khyim pa khyim na gnas pa chos lnga dang ldan na rab tu byung ba'i bslab pa la slob pa yin te | lnga gang zhe na |
[1] khyim bdag 'di la byang chub sems dpa' khyim pa khyim na gnas pa mi lta bar dngos po thams cad yongs su gtong ba yin te | thams cad mkhyen pa nyid kyi sems（P : ye shes

D) dang ldan pas rnam par smin pa la re ba med pa dang |
[2] khyim bdag gzhan yang byang chub sems dpa' khyim pa khyim na gnas pa tshangs par spyod cing gtsang ma yin te | yid kyi dgu la yang 'dod pa mi skyed (D : spyod P) na mtshan gnyis sprod pa'am | yan lag ma yin par 'jug pa lta ci smos pa dang |
[3] khyim bdag gzhan yang byang chub sems dpa' khyim pa khyim na gnas pa yang dag pa skyon med pa la mi reg cing khyim stong par zhugs nas | thabs kyis mngon par bsgrubs pa | bsam gtan bzhi po dag la snyoms par 'jug pa dang |
[4] khyim bdag gzhan yang byang chub sems dpa' khyim pa khyim na gnas pa sems can thams cad bde bar byed pa la brtson pa | shes rab kyi pha rol tu phyin pas nges par 'byung bar brtson 'grus rtsom pa dang |
[5] khyim bdag gzhan yang byang chub sems dpa' khyim pa khyim na gnas pa bdag (corr. : dag DP) kyang dam pa'i chos yongs su 'dzin cing | gzhan yang dam (P : yang dag D) pa'i chos la sbyor bar byed pa ste |
khyim bdag byang chub sems dpa' khyim pa khyim na gnas pa chos lnga po de dag dang ldan na rab tu byung ba'i bslab pa la slob pa yin no ||

(D no. 63, Nga 285a2–b7; P no. 760 [19], Zhi 330b7–331a6)

17 『維摩経』。

bhāryaputradāsāṃś（corr. : bhāryāputradārāṃś）ca saṃdarśayati, sadā ca brahmacārī. parivāraparivṛtaś ca bhavati, sadā ca vivekacārī.（VKN 15, 20–22）

18 『維摩経』。

antaḥpuranāṭakavyūhāṃś（corr. : antaḥpuranāṭakavyūhāś）ca bodhisattvo darśayati, uttīrṇakāmapaṅkaś ca bhavaty aniketacārī.（VKN 77, 16–17）

19 『維摩経』。

sarvagaṇikākulāni ca praviśati kāmadoṣasaṃdarśanāya. sarvakallavālagṛhāṇi ca praviśati smṛtisaṃprajanyopasthāpanāya.（VKN 16, 14–15）

20 『涅槃経』。

'dzam bu'i gling la lar ni ngas smad 'tshong ma rnams nges par bsgral ba'i phyir smad 'tshong ma'i khyim du 'gro ba bstan la | nga la 'dod pa'i nyes pa yang mi skye ste | chu'i nang gi pad ma bzhin du nga la 'dod pa rnams kyi nyes pas mi gos so ‖

（D no. 120, Tha 64a2–3; P no. 788, Tu 65a2–3）

21 『月上女経』。

yūyaṃ ca pūrvaṃ pitaro mamāsa | ahaṃ ca yuṣmākam abhūj janitrī |
bhrātā svasā cāpi pitā babhūva | ko rāgacittaṃ janayej jananyām ‖
praghātitāḥ prāk ca mamātha sarve | ahaṃ viśastā ca purā bhavadbhiḥ |

sarve 'mitrā vadhakāḥ parasya | kathaṃ tu vā jāyati rāgacittam ‖（ŚS 79, 13–16）

22 『十地経』。

kāmamithyācārātprativirataḥ khalu punar bhavati svadārasaṃtuṣṭaḥ paradārānabhilāṣī. sa paraparigṛhītāsu strīṣu parabhāryāsu gotradhvajadharmarakṣitāsv abhidhyām api notpādayati. kaḥ punar vādo dvīndriyasamāpattyā vānaṅgavijñaptyā vā.（DBhS 38, 5–7）

23 『三昧王経』。

［na jātu kāmān pratisevamānaḥ putreṣu dāreṣu］janitva tṛṣṇām |
gṛhaṃ ca sevantu jugupsanīyam anuttarāṃ prāpsyati so 'grabodhim ‖
ye kāma varjenti yathā［gnikarṣūṃ putreṣu dāreṣu jahitva tṛṣṇām |
uttra］stu gehād abhiniṣkramanti na durlabhā teṣv iyam agrabodhiḥ ‖
na kaści buddhaḥ purimeṇa āsī anāgate bheṣyati［vāvatiṣṭhate |
yehi sthitair evam agāramadhye］prāptā iyam uttama agrabodhiḥ ‖（SRS 58, 3–14）

第四章

1 『アングッタラ・ニカーヤ』。

pañc' ime bhikkhave kāmaguṇā. katame pañca. cakkhuviññeyyā rūpā iṭṭhā kantā manāpā piyarūpā kāmūpasaṃhitā rajanīyā, sotaviññeyyā saddā . . . ghānaviññeyyā gandhā . . .

jivhāviññeyyā rasā . . . kāyaviññeyyā phoṭṭhabbā iṭṭhā kantā manāpā piyarūpā kāmūpasaṃhitā rajanīyā. ime kho bhikkhave pañca kāmaguṇā.（AN vol. IV, 458）

2 『ジャータカ・アッタカター』。

kāmesu ve haññare bajjhare ca, kāmesu dukkhañ ca bhayañ ca jātaṃ,
kāmesu bhūtādhipātī pamattā pāpāni kammāni karonti mohā.
te pāpadhammā pasavetva pāpaṃ kāyassa bhedā nirayaṃ vajanti,
ādīnavaṃ kāmaguṇesu disvā tasmā isayo na-ppasaṃsanti kāme ti.（JA vol. IV, 312–313）

3 『八千頌般若波羅蜜多』。

mārakarmāṇi ca tvayāvaboddhavyāni. asti hi kulaputra māraḥ pāpīyān dharmabhāṇakasya bodhisattvasya mahāsattvasya rūpaśabdagandharasasparśān upasaṃharati sevituṃ bhaktuṃ paryupāsitum. tāṃś cāsāv abhibhūya upāyakauśalyena parisevate bhajate paryupāste. tatra ca tvayā kulaputra dharmabhāṇake bhikṣau nāprasādacittam utpādayitavyam. api tv evaṃ cittam utpādayitavyam: nāhaṃ tad upāyakauśalyaṃ jāne, yad eṣa upāyakauśalyaṃ prajānāti. eṣa sattvavinayena sattvānāṃ kuśalamūlaparigraham upādāya enān dharmān pratisevate bhajate paryupāste, na hi kvacid bodhisattvānāṃ mahāsattvānāṃ saṅgo vāvaraṇaṃ（corr. : vā ārambaṇaṃ）vā saṃvidyate.（ASPP 239, 6–12）

4 『ディーガ・ニカーヤ』。

tatra sudaṃ bhikkhave vipassī kumāro pañcahi kāmaguṇehi samappito samaṅgibhūto parivāreti.（DN vol. I, 23; 25; 28）

5 『八千頌般若波羅蜜多』。

tatra ca dharmodgato bodhisattvo mahāsattvaḥ saparivāro 'ṣṭaṣaṣṭayā strīsahasraiḥ sārdhaṃ pañcabhiḥ kāmaguṇaiḥ samarpitaḥ samanvaṅgībhūtaḥ krīḍati ramate paricārayati. ye 'pi tatra nagare 'nye sattvā vāstavyāḥ, striyaś ca puruṣāś ca, te 'pi sarve nityapramuditā udyāneṣu puṣkariṇīṣu ca pañcabhiḥ kāmaguṇaiḥ samarpitāḥ samanvaṅgībhūtāḥ krīḍanti ramante paricārayanti. sa khalu punar dharmodgato bodhisattvo mahāsattvaḥ sārdhaṃ parivāreṇa tāvatkālaṃ krīḍati ramate paricārayati, tatas trikālaṃ prajñāpāramitāṃ deśayati.（ASPP 241, 17–22）

6 『八千頌般若波羅蜜多』。

punar aparaṃ subhūte 'vinivartanīyo bodhisattvo mahāsattvo na nāmaguruko bhavati, na kīrtiśabdaślokaguruko bhavati, na nāmni sajjate. so 'saṃkṣubhitacitto bhavati, sarvasattveṣu hitacittaś ca bhavati. so 'bhikrāman vā pratikrāman vābhrāntacitto 'bhikrāmati, abhrāntacittaḥ pratikrāmati. smṛtimān evābhikrāmati, smṛtimān eva pratikrāmati. sacet so 'gāram adhyāvasati, nāsya bhavaty adhimātraḥ kāmeṣu kāmābhiṣvaṅgo vā abhiprāyo vā. sa nirvitsaṃjñy eva kāmān paribhuṅkte. sa utrastasaṃjñy eva kāmān paribhuṅkte. tadyathāpi subhūte caurakāntāramadhyagataḥ puruṣaḥ āhārakṛtyaṃ kurvann utrastasaṃjñy evāhāraṃ kuryāt, gamanasaṃjñy evāhāraṃ kuryāt, kadā nu khalu nāmāham itaś caurakāntārād atikrānto bhaviṣyāmīty evaṃsaṃjñy aviśrabdham āhāram āharati. evam eva subhūte 'vinivartanīyā bodhisattvā mahāsattvā agāram adhyāvasanto yān yān eva kāmān paribhuñjate, tāṃs tān anarthikā eva agṛddhā eva asaktā eva kāmān paribhuñjate. anarthikā eva ca te bhavanti priyarūpasātarūpaiḥ pañcabhiḥ kāmaguṇaiḥ. te 'gāram adhyāvasanto na samaviṣameṇa jīvikāṃ kalpayanti. dharmeṇaiva jīvikāṃ kalpayanti nādharmeṇāpi. maraṇam upagacchanti na tv eva pareṣām apamardanaṃ kurvanti. tat kasya hetoḥ. tathā hi taiḥ satpuruṣair mahāpuruṣair atipuruṣaiḥ puruṣapravaraiḥ puruṣaśobhanaiḥ puruṣarṣabhaiḥ puruṣodāraiḥ puruṣaśauṭīraiḥ puruṣapuṃgavaiḥ puruṣadhuryaiḥ puruṣapadmaiḥ puruṣapuṇḍarīkaiḥ puruṣājāneyaiḥ puruṣanāgaiḥ puruṣasiṃhaiḥ puruṣadamyasārathibhiḥ sarvasattvāḥ paramasukhe niyojayitavyāḥ. evaṃ hi subhūte 'gāram adhyāvasanti bodhisattvā mahāsattvā yathāpi nāma prajñāpāramitābalādhānaprāptatvāt. ebhir api subhūte ākārair ebhir liṅgair ebhir nimittaiḥ samanvāgatā bodhisattvā mahāsattvā avinivartanīyā anuttarāyāḥ samyaksaṃbodher dhārayitavyāḥ.（ASPP 165, 30–166, 16）

7 『二万五千頌般若波羅蜜多』。

punar aparaṃ subhūte 'vinivartanīyo bodhisattvo mahāsattvo 'gāram adhyāvasann upāyakauśalyena sattvānāṃ paripācanāya pañcakāmaguṇān upadiśati sarvasattvānāṃ dānaṃ dadāti, annam annārthikānāṃ, pānaṃ pānārthikānāṃ yāvad anyatarānyatarān mānuṣyakān pariṣkārān dadāti, sa ātmanā ca dānapāramitāyāṃ carati, parāṃś ca dānapāramitāyāṃ samādāpayati dānapāramitāyāś ca varṇaṃ bhāṣate, ye cānye dānapāramitāyāṃ caranti teṣāṃ ca varṇavādī bhavati samanujñaḥ, evaṃ śīlapāramitāyāṃ kṣāntipāramitāyāṃ vīryapāramitāyāṃ dhyānapāramitāyāṃ, sa ātmanā ca prajñāpāramitāyāṃ carati, parāṃś ca prajñāpāramitāyāṃ samādāpayati, prajñāpāramitāyāś ca varṇaṃ bhāṣate, ye cānye prajñāpāramitāyāṃ caranti teṣāṃ ca varṇavādī bhavati samanujñaḥ. [iti samudaye dharmajñānam.]

sa khalu punaḥ subhūte 'vinivartanīyo bodhisattvo mahāsattvo 'gāram adhyāvasan jambūdvīpaṃ saptaratnaparipūrṇaṃ kṛtvā dānaṃ dadāti, evaṃ cāturdvīpakaṃ lokadhātuṃ sāhasraṃ lokadhātuṃ dvisāhasraṃ lokadhātuṃ yāvat trisāhasraṃ mahāsāhasraṃ lokadhātuṃ saptaratnaparipūrṇaṃ kṛtvā dānaṃ dadāti, na ca kāmaguṇān paribhuṅkte satatasamitaṃ brahmacārī bhavati, na ca kasyacid avamardanākāraṃ janayati yenāvamardanākāreṇa paro 'nāttamanāḥ syāt. ebhir api subhūte ākārair ebhir liṅgair ebhir nimittaiḥ samanvāgato 'vinivartanīyo bodhisattvo mahāsattvo veditavyaḥ.

（PVSPP IV 156, 6–25）

8 『大方広三戒経』（『大宝積経』三律儀会）。

'od srung byang chub sems dpa' khyim pa chos gsum dang ldan na | khyim gyi sa la gnas nas bla na med pa yang dag par rdzogs pa'i byang chub mngon par rdzogs par sangs rgyas kyi bar du ji ltar nam du yang 'dod pa'i yon tan lnga po dag la yongs su spyod par mi 'gyur ba de lta bu'i dge ba'i rtsa ba skyed de | gsum gang zhe na |

[1] 'od srung 'di la byang chub sems dpa' khyim pa bslab pa'i gzhi lnga dang ldan pa yin te | de gzhan la yang 'dod pa bsngags pa mi byed cing | bud med dang rgyu ba ma yin gyi | rang gi don la mngon par brtson pa yin te | bdag ni bud med dang bsten pas chog gis | bdag bla na med pa yang dag par rdzogs pa'i byang chub mngon par rdzogs par sangs rgyas kyi bar du 'dod pa'i yon tan lnga po de dag dang phrad par ma gyur cig ces sems kyang skyed de | 'od srung chos dang po 'di dang ldan pa'i byang chub sems dpa' khyim pa bla na med pa yang dag par rdzogs pa'i byang chub mngon par rdzogs par sangs rgyas kyi bar du nam yang 'dod pa'i yon tan lnga po dag la yongs su mi spyod do ||

[2] 'od srung gzhan yang byang chub sems dpa' khyim pa 'di lta bu'i mdo sde 'di dag thos nas dad pa skyed cing dad nas kyang yongs su tshol lo || 'od srung gzhan yang mdo

sde 'di lta bu 'di dag gzung dka' bas yongs su zin par 'gyur te | 'on kyang lung 'bog (P : 'bogs D) par byed | rtsom par byed do ‖ 'od srung gzhan yang gang zhig chos 'di lta bu 'di dag thos nas 'gyod pa'i gnas mtha' dag sel bar 'gyur te | de dge ba'i rtsa ba des chags pa med pa'i spobs pa dang | grol ba'i spobs pa dang ldan par 'gyur | shi 'phos kyang rung | shi 'phos par ma gyur kyang rung ste | de bzhin gshegs pa rnams myur du mthong bar 'gyur | shi 'phos nas kyang mtho ris kyi 'jig rten du 'gro (D : skye P) bar 'gyur te | de bla na med pa yang dag par rdzogs pa'i byang chub dang ring ngo snyam du shes par mi bya ste | 'od srung chos gnyis pa 'di dang ldan pa'i byang chub sems dpa' khyim pa bla na med pa yang dag par rdzogs pa'i byang chub mngon par rdzogs par sangs rgyas kyi bar du 'dod pa'i yon tan lnga po dag la mi spyod do ‖

[3] 'od srung gzhan yang byang chub sems dpa' khyim pa dge ba'i rtsa ba thams cad bla na med pa yang dag par rdzogs pa'i byang chub tu yongs su sngo (P : bsngo D) ste | de gzugs la dga' ba ma yin | sgra la dga' ba ma yin | dri la dga' ba ma yin | ro la dga' ba ma yin | reg la dga' ba ma yin | longs spyod la dga' ba ma yin | dbang phyug la dga' ba ma yin | g-yog 'khor la dga' ba ma yin te | de 'dus ma byas kyi sems dang | 'dus ma byas kyi rnam par smin par gyur nas | myur du bla na med pa yang dag par rdzogs pa'i byang chub mngon par rdzogs par 'tshang rgya ste | bla na med pa yang dag par rdzogs pa'i

byang chub mngon par rdzogs par sangs rgyas kyi bar du 'dod pa'i yon tan lnga po dag la yongs su mi spyod de | 'od srung chos gsum pa 'di dang ldan pa'i byang chub sems dpa' khyim pa bla na med pa yang dag par rdzogs pa'i byang chub mngon par rdzogs par sangs rgyas kyi bar du 'dod pa'i yon tan lnga po dag la（D : P ad. yongs su）mi spyod do ‖

de la 'di skad ces bya ste |

khyim pa bslab pa'i gzhi lnga po ‖ bsrung ba dag ni legs bsrung（P : bsrungs D）te ‖
bud med dag ni 'du ba spong ‖ de la smod cing bshud（D : srung P）par（D : bar P）byed ‖
'di 'dra ba yi chos 'di dag ‖ yongs su tshol bas ngoms pa med ‖
'gyod pa'i gnas ni gang yin pa ‖ de dag des ni myur du sel ‖
dge ba'i chos rnams thams cad kyang ‖ byang chub don du sngo bar byed ‖
de ni dge ba'i rtsa ba des ‖ 'dod pa'i yon tan myur du spong ‖
rtag tu mang du thos par 'gyur ‖ snying rje yang dag bskyed nas su ‖
srog chags rnams la chos ston cing ‖ byang chub lam ni yongs su tshol ‖
de bas 'di 'dra rnams thos nas ‖ 'dun pa bzang po bskyed bya shing ‖
'dod pa（P : pas D）bsten par mi bya ste ‖ 'khor lo myur du bskor bar bya ‖

(D no. 45, Ka 44a5–45a3; P no. 760 [1], Tshi 50a7–51a8)

9 『華手経』。

shā (P : sha D) ra dwa ti’i bu bzhi po ’di dag ni byang chub sems dpa’ sems dpa’ chen po bla na med pa yang dag par rdzogs pa’i byang chub mngon par rdzogs par ’tshang rgya bar ’dod pas yongs su spang bar bya ba yin te | bzhi gang zhe na |

[1] shā (P : sha D) ra dwa ti’i bu byang chub sems dpa’ sems dpa’ chen pos sdig pa’i grogs po yongs su spang bar (D : ba P) bya ba yin |

[2] shā (P : sha D) ra dwa ti’i bu byang chub sems dpa’ sems dpa’ chen pos (P : po D) bud med dang ’dre ba yongs su spang bar bya ba yin |

[3] byang chub sems dpa’ sems dpa’ chen pos gcer bu pa’i smra ba dang ’jig rten rgyang phan pa’i gsang tshig yongs su spang bar bya ba yin |

[4] shā (P : sha D) ra dwa ti’i bu byang chub sems dpa’ sems dpa’ chen pos log par lta ba’i rgud pa yongs su spang bar bya ba yin te |

shā (P : sha D) ra dwa ti’i bu chos bzhi po de dag ni byang chub sems dpa’ sems dpa’ chen pos yongs su spang bar bya ba yin no ‖

(D no. 101, Nga 181a3–6; P no. 769, Gu 195a2–6)

第五章

1 『ディーガ・ニカーヤ』大般涅槃経。

kathaṃ mayaṃ bhante mātugāme paṭipajjāmāti.
adassanaṃ ānandāti.
dassane bhagavā sati kathaṃ paṭipajjitabban ti.
anālāpo ānandāti.
ālapantena pana bhante kathaṃ paṭipajjitabban ti.
sati ānanda upaṭṭhāpetabbā ti.（DN vol. II, 141）

2 『アングッタラ・ニカーヤ』。

puna ca paraṃ brāhmaṇa idhekacco samaṇo vā brāhmaṇo vā sammābrahmacārī paṭijānamāno na heva kho mātugāmena saddhiṃ dvayandvayasamāpattiṃ samāpajjati, na pi mātugāmassa ucchādanaparimaddananahāpanasambāhanaṃ sādiyati. napi ca mātugāmena saddhiṃ sañjagghati saṃkīḷati saṃkelāyati, api ca kho mātugāmassa cakkhunā cakkhuṃ upanijjhāyati pekkhati. so taṃ assādeti, taṃ nikāmeti. tena ca vittiṃ āpajjati. idam pi kho brāhmaṇa brahmacariyassa khaṇḍam pi chiddam pi sabalam pi kammāsam pi. ayaṃ vuccati brāhmaṇa, aparisuddhaṃ brahmacariyaṃ carati saṃyutto methunena saṃyogena, na parimuccati jātiyā jarāmaraṇena sokehi paridevehi dukkhehi domanassehi upāyāsehi, na parimuccati dukkhasmā ti vadāmi.（AN vol. IV, 55）

3 『マッジマ・ニカーヤ』バックラ経。

asīti me āvuso vassāni pabbajitassa nābhijānāmi antaraghare nisīditā … antaraghare bhuñjitā … mātugāmassa anubyañjanaso nimittaṃ gahetā … mātugāmassa dhammaṃ desitā, antamaso catuppadam pi gāthaṃ … bhikkhunūpassayaṃ upasaṃkamitā … bhikkhuniyā dhammaṃ desitā —pe— nābhijānāmi sikkhimānāya dhammaṃ desitā, nābhijānami sāmaṇerāya dhammaṃ desitā.（MN vol. III, 126）

4 『サンユッタ・ニカーヤ』。

etha tumhe bhikkhave indriyesu guttadvārā viharatha. cakkhunā rūpaṃ disvā mā nimittaggāhino ahuvattha mānuvyañjanaggāhino. yatvādhikaraṇam enaṃ cakkhundriyam asaṃvutam viharantam abhijjhā domanassā pāpakā akusalā dhammā anvāsaveyyuṃ tassa saṃvarāya paṭipajjatha. rakkhatha cakkhundriyaṃ cakkhundriye saṃvaram āpajjatha.

(SN IV, 112)

5 『サンユッタ・ニカーヤ』。

etha tumhe bhikkhave mātumattīsu mātucittam upaṭṭhapetha bhaginīmattīsu bhaginīcittam upaṭṭhapetha dhītumattīsu dhītucittam upaṭṭhapetha.（SN IV, 110–111）

6 『正法念処経』／『諸法集要経』。

nāpy ālekhyagatā nāpi cakṣuṣā sā nirīkṣyate |
hatakāmo dṛṣṭasatyo muktas tādṛśa ucyate ‖（DhS 30.3）

7 『正法念処経』／『諸法集要経』。

yasyeṣṭā lābhasatkārā viṣayā yasya sammatāḥ |
nāridarśanasākāṅkṣī na bhikṣur na gṛhī va saḥ ‖（DhS 30.64）

8 『法華経』。

na ca mātṛgrāmasyābhīkṣṇaṃ darśanakāmo bhavati.（SPS 277, 2）

第六章

1 『波羅提木叉』。

yo pana bhikkhu mātugāmassa uttarichappañcavācāhi dhammaṃ deseyya aññatra viññunā purisaviggahena pācittiyaṃ.（VP vol. IV, 22）

2 『入菩提行論』。

dharmaṃ nirgaurave svasthe na śiroveṣṭhite vadet |
sacchatradaṇḍaśastre ca nāvaguṇṭhitamastake ‖（BCAP 145, 8–9）
gambhīrodāram alpeṣu na strīṣu puruṣaṃ vinā |
hīnotkṛṣṭeṣu dharmeṣu samaṃ gauravam ācaret ‖（BCAP 146, 4; 10）

3 『根本説一切有部戒経』。

yaḥ punar bhikṣur mātṛgrāmasyottari ṣaṭpaṃcikayā vācā dharmaṃ deśayed [anyatra vijñapu]ruṣāt pāyantikā. (PmS 32, 10–11)

4 『根本説一切有部戒経』。

nodguṇṭhikākṛtāyāglānāya dharmaṃ deśayiṣyāma iti śikṣā karaṇīyā. (PmS 52, 9–10)

5 『根本説一切有部戒経』。

na veṣṭitaśirase 'glānāya dharmaṃ deśayiṣyāma iti śikṣā karaṇīyā. (PmS 52, 26–27)

6 『根本説一切有部戒経』。

na daṇḍapāṇaye 'glānāya dharmaṃ deśayiṣyāma iti śikṣā karaṇīyā. (PmS 53, 10)

7 『根本説一切有部戒経』。

na chatrapāṇaye 'glānāya dharmaṃ deśayiṣyāma iti śikṣā karaṇīyā. (PmS 53, 11)

8 『根本説一切有部戒経』。

na śastrapāṇaye 'glānāya dharmaṃ deśayiṣyāma iti śikṣā karaṇīyā. (PmS 53, 12)

9 『入菩提行論釈』。

na mātṛgrāmasyaikākī rahogato dharmaṃ vadet. vadan sāpattiko bhavati. na doṣaḥ puruṣo yadi syāt. (BCAP 146, 7–9)

10 『法華経』。

punar aparaṃ mañjuśrīr bodhisattvo mahāsattvo na mātṛgrāmasyānyatarānyataram anunayanimittaṃ gṛhyābhīkṣṇaṃ dharmaṃ deśayati na ca mātṛgrāmasyābhīkṣṇaṃ darśanakāmo bhavati. na ca kulāny upasaṃkramati na ca dārikāṃ vā kanyāṃ vā vadhukāṃ vābhīkṣṇam ābhāṣitavyāṃ manyate na pratisaṃmodayati. na ca paṇḍakasya dharmaṃ deśayati na ca tena sārdhaṃ saṃstavaṃ karoti na ca pratisaṃmodayati. na caikākī bhikṣārtham antargṛhaṃ praviśaty anyatra tathāgatānusmṛtiṃ bhāvayamānaḥ.
sa cet punar mātṛgrāmasya dharmaṃ deśayati sa nāntaśo dharmasaṃrāgeṇāpi dharmaṃ deśayati kaḥ punar vādaḥ strīsaṃrāgeṇa. nāntaśo dantāvalīm apy upadarśayati kaḥ punar vāda audārikamukhavikāram.（SPS 277, 1–7）

11 『阿閦仏国経』（『大宝積経』不動如来会)。

btsun pa bcom ldan 'das bdag de ltar thams cad mkhyen pa'i sems bskyed pa rin po che 'di bskyed de | de ltar bla na med pa yang dag par rdzogs pa'i byang chub tu bsngos shing yongs su bsngos la bla na med pa yang dag par rdzogs pa'i byang chub mngon par rdzogs par sangs ma rgyas kyi bar du gal te bud med la 'di ltar mi rtag pa'i rnam pa'am | sdug bsngal ba'i（D : ba P）rnam pa'am | stong pa dang | bdag med pa'i rnam pa'am | rnam pa gzhan dang gzhan dag gis chos ston pa na | yan lag las skyes pa'i rnam pa gzhan dang gzhan dag la bzang ba'i mtshan mar bzung nas so'i phreng ba ston tam | dgod par bgyid dam | lag pa g-yob par bgyid na | bdag gis phyogs bcu kun gyi 'jig rten gyi khams dpag tu ma mchis | grangs ma mchis | bsam gyis mi khyab | gzhal du ma mchis pa thams cad na | sangs rgyas bcom ldan 'das gang dag da ltar bzhugs te 'tsho zhing gzhes la | chos kyang ston pa'i sangs rgyas bcom ldan 'das de dag bslus par gyur cig |

(D no. 50, Kha 14a2–6; P no. 760 [6], Dzi 8a3–8)

12 『大方広三戒経』（『大宝積経』三律儀会）。

'od srung 'di la byang chub sems dpa' (D : dpa'i P) thog ma nyid du tshul khrims dang ldan par 'gyur ro ‖ gang gi sems la rjes su 'gyod pa yod pa ni mtshams med pa byed par mi 'gyur | dge slong ma sun par byed par mi 'gyur | khyim gyi nang du 'dre bar mi 'gyur | srog gcod par mi 'gyur | ma byin par len par mi 'gyur | 'dod pa la log par g-yem par mi 'gyur | brdzun smra bar mi 'gyur | phra ma smra bar mi 'gyur | ngag rtsub po smra bar mi 'gyur | tshig kyal pa smra bar mi 'gyur | brnab sems can du mi 'gyur | gnod sems can du mi 'gyur | log par lta bar mi 'gyur | bdag la gnod pa (D : par P) bya bar mi sems | gzhan la gnod pa bya bar mi sems | 'du ba 'dod par mi 'gyur | longs spyod la 'dod par mi 'gyur | rgyal bar bya (D : byed P) ba'i rtsed mo rnams (D : rnam par P) gzhan dag la rjod (D : brjod P) par mi byed | bdag kyang mi byed | ma ning dang sten par mi byed | smad 'tshong ma spyod yul par mi 'gyur | yugs mo spyod yul par mi 'gyur | na chung chen mo spyod yul par mi 'gyur | bya pa dang 'dre bar mi 'gyur | nya pa dang 'dre bar mi 'gyur | ri dags kyi rngon pa dang 'dre bar mi 'gyur | gsod pa dang 'dre bar mi 'gyur | gdol pa dang 'dre bar mi 'gyur | gzhan gyi chung ma dang sten par mi 'gyur | mi ra ro ba'i lag nas 'dzin pa'am rtsod par mi byed de | de dag khyi dang gdol pa ltar yongs su spang (D : spong P) bas yongs su spong ngo ‖ gang dag yongs su spangs pa de la 'khrul pa'i sems bskyed pa gcig tsam gyi sems kyang mi skyed (D : bskyed P) do ‖ de ltar na byams pa'i rnam pa la zhugs pa'i sems kyis gnas nyi shu yongs su spong ngo ‖ nyi shu gang zhe na |

[1] bud med yongs su spong (D : spangs P) zhing | su dang yang spros par mi byed la | su dang yang 'tham par mi byed cing (P : shing D) | smra ba la phyir smra bar mi byed pa dang |

[2] pha ma la mi gus par mi 'gyur ba dang |

[3] sangs rgyas dang | chos dang | dge 'dun la mi gus par mi 'gyur ba dang |

[4] nyi shur ma tshang bar bud med kyi 'khor la chos mi 'chad cing | gal te skyes pa'i gnas na gnas par gyur na | de'i tshe chos ston pa dang |

[5] dge slong ma'i phun sum tshogs par thams cad kyi thams cad du 'gro bar mi bya ba dang |

[6] dge slong mas dris pa'i lan gdab par mi bya ba dang |

[7] bud med kyi yi ge bri bar mi bya ba dang |

[8] gsol ba ma btab par sbyin par mi bya ba dang |

[9] gnyen 'dab (D : mdab P) kyis (D : gyis P) mgron (P : 'gron D) du bos pa rnam pa thams cad du bdag gir mi bya ba dang |

[10] rnam pa thams cad du 'dod chags dang bcas pas rjes su chags pa'i sems kyis bud med kyi mdun du yud tsam yang gnas par mi bya ba dang |

[11] de gcig pu dben par song ste | rang gi yul bsten (D : bstan P) pa rnam pa thams cad du brjod par mi bya ba dang |

[12] dge slong mas bskugs pa la rnam pa thams cad du slar bskugs par mi bya |

[13] dge slong mas byin pa'i chos gos rnam pa thams cad du bgo bar mi bya ste | gzhan du na 'khor bzhi po rnams kyi nang na 'dug cing chos 'chad pa'i tshe chos la dgab par bya ba ni ma gtogs te | de la yang des sa dang mtshungs pa'i sems kyis yid la byed par bsgyur nas spyad par bya ba dang | yang de'i ngor blta bar mi bya ba dang | rnam pa thams cad du dge slong mas byas pa'i chos gos nyen (D : nyan P) pa'i gnas su yang bgo bar mi bya ba dang |

[14] nam yang dge slong mas mgron (P : 'gron D) du bos pa la rnam pa thams cad du khas blang bar mi bya na | bde ba'am | nad med pa'i rang bzhin can lta ci smos pa dang |

[15] yugs mos mgron (P : 'gron D) du bos na dge 'dun med par rnam pa thams cad du khas blang bar mi bya ba dang |
[16] dge slong ma'i dbyar khang du rnam pa thams cad du 'jug par mi bya ba dang |
[17] rnam pa thams cad du dge slong ma'i (P : D om. 'i) dbang du mi bya | gal te dge slong mas bos na yang lag pa bsnol la mgo smad de | sa phyogs de nas 'gro bar bya ba dang |
[18] chos ston cing 'dug (D : 'jug P) pa'i gan du dge slong ma rkang pa la phyag 'tshal du 'ong na | snyim pas gdong bkab ste | 'dug par bya zhing | des rkang pa bskyod par mi bya ste | skyes bu dam pas lus dpa' bar mi bya'i | rtse gcig tu yid la bya (D : byas P) bas (D : pas P) sems dpa' bar bya ba dang |
[19] dngos po thams cad la kun tu 'dod chags kyi sems rnam (D : rnams P) pa thams cad du bskyed par mi bya ba dang |
[20] khong khro ba'i sems rnam pa thams cad du bskyed par mi bya ba ste | 'di ltar thams cad mkhyen pa nyid kyi phyir dam bcas pa brtan par bya ba dang | chos 'di dag thos nas nan tan gyis sgrub (P : bsgrub D) par mngon par brtson par bya ba dang |

(D no. 45, Ka 11a3–12a3; P no. 760 [1], Tshi 12a5–13a8)

13 『南海寄帰内法伝』。

又見寺内有一苾芻、名曷羅戸羅蜜呾羅。于時年可三十。操行不群、名称高遠。一日誦『宝積経』有七百頌。閑内典之三蔵、洞俗言之四明。東聖方処、推為上首。自従受具、女人曾不面言。母姉設来、出観而已。当時問曰。「斯非聖教。何為然乎。」答曰。「我性多染、非此、不杜其源。雖復不是聖遮、防邪亦復何爽。」」（巻二、衣食所須。T54, 213c）

14 『方便善巧経』（『大宝積経』大乗方便会）。
de nas bcom ldan 'das la tshe dang ldan pa dga' bos 'di skad ces gsol to ‖ bcom ldan 'das bdag bsod snyoms kyi phyir mthar gyis spyod pa na byang chub sems dpa' 'od mang ldan gyi rgyal po khang pa zhig na bud med dang khri gcig la lhan cig (D : gcig P) mchis par mthong ste | ltung ba byung ba mthong na ma bcab cig | tshangs pa (D : P ad. dang) mtshungs par spyod pa gzhan dag la zlos shig ces bcom ldan 'das kyis bka' stsal na | de bzhin gshegs pa ni sems can thams cad kyi (D : kyis P) ston pa lags te | de bzhin gshegs pa la cung zad kyang mi mkhyen pa'am | ma gzigs pa'am | thugs su ma chud pa ma mchis pas (D : pa P) de'i slad du bdag bcom ldan 'das la gsol lo ‖ zhes tshe dang ldan pa dga' bos de skad kyi tshig smras nas ring po ma lon par de nas de'i mod la sa g-yos par gyur to ‖ de nas byang chub sems dpa' 'od mang ldan gyi rgyal po shing ta la gang tsam du (D : P om. du) steng gi bar snang la 'dug nas tshe dang ldan pa dga' bo la 'di skad ces smras so ‖ tshe dang ldan pa dga' bo de ji snyam du sems | ltung ba byung ba'i chos can gyis

bar snang la 'dug par nus sam | yang tshe dang ldan pa dga' bo byang chub sems dpa'i ltung ba'i chos ji lta bu grags zhes (D : shas P) de bzhin gshegs pa mngon sum du bzhugs pa 'di la zhus shig | de nas tshe dang ldan pa dga' bo yul yul por gyur nas bcom ldan 'das kyi zhabs la mgo bos phyag 'tshal te | ltung ba 'chags pa gang bdag gis skyes bu bal glang chen po lta bu la ltung ba btsal ba bcom ldan 'das | nongs te | nongs pa 'chags so ‖ zhes de skad ces gsol pa dang | bcom ldan 'das kyis tshe dang ldan pa dga' bo la 'di skad ces bka' stsal to ‖ dga' bo khyod theg pa chen po la gnas pa'i skyes bu dam pa la nyes par 'du shes ma skyed cig | dga' bo 'di lta ste | nyan thos kyi theg pa la gnas pa (D : P om. gnas pa) gcig pu gnyis su med pa ni zag pa zad par bya ba la bar chad med par 'dod par bya'o ‖ dga' bo de bzhin du byang chub sems dpa' thabs mkhas pas yang thams cad mkhyen pa la bar chad med par 'dod par bya'o ‖ de ci'i phyir zhe na | dga' bo byang chub sems dpa' sems dpa' chen po ni gang dkon mchog gsum la gzhol bar mi 'gyur ba'i g-yo 'chad par mi byed do ‖ dkon mchog gsum gang zhe na | sangs rgyas dkon mchog dang | chos dkon mchog dang | dge 'dun dkon mchog go ‖ dga' bo gang gi tshe byang chub sems dpa'i theg pa la gnas pa'i rigs kyi bu thams cad mkhyen pa nyid kyi sems dang ma bral bar 'dod pa lnga'i yon tan gyis rtse dga' zhing yongs su spyod pa mthong na | dga' bo de'i tshe khyod kyis skyes bu dam pa de de bzhin gshegs pa'i dbang po lnga dang ldan par shes par gyis shig | dga' bo khyod yang ci'i phyir byang chub sems dpa' 'od mang ldan gyi rgyal po bud med dang lhan cig tu khri gcig la 'dug pa de nyon cig | dga' bo sring mo de ni 'das pa'i dus na tshe rabs nyis brgyar byang chub sems dpa' 'od mang ldan gyi rgyal po'i chung mar gyur te | de sngon gyi bag la nyal de nyid kyis rigs kyi bu byang chub sems dpa' 'od mang ldan gyi rgyal po de'i dpal dang | gzi brjid dang | tshul khrims dang | stobs bskyed pa mthong bas nyon mongs pa skyes nas gnas ngan len gyi tshig smras te | de gcig (D : cig P) pu lkog tu song nas gal te byang chub sems dpa' 'od mang ldan gyi rgyal po bdag dang lhan cig tu khri gcig tu 'dug na bdag gis (D : gi P) bla na med pa yang dag par rdzogs pa'i byang chub tu sems bskyed do ‖ snyam du de ltar sems par gyur to ‖ dga' bo de nas byang chub sems dpa' 'od mang ldan gyi rgyal po (corr. : po'i DP) sems kyis sring mo de'i sems kyi (D : kyis P) yongs su rtog pa shes nas de nyid kyi nub mo 'das pa dang | de'i khyim du 'ongs te | gang nang gi sa'i khams dang | gang phyi'i sa'i khams su gcig pa'i chos kyi sgo sa 'dra ba'i sems des sring mo de lag pa g-yas pas (D : pa des P) bzung ste khri gcig la 'dug go ‖ 'dug ma thag tu tshigs su bcad pa 'di (D : P ad. dag) smras so ‖

sangs rgyas 'dod pa bsngags mi mdzad ‖ de ni byis pa'i (D : P om. 'i) spyod yul te ‖
'dod pa'i sred pa spangs na ni ‖ sangs rgyas mi yi mchog tu 'gyur ‖

dga' bo de nas sring mo de（D : P om. de）dga' zhing rab tu mgu ba skyes nas khri de las langs te | byang chub sems dpa' 'od mang ldan gyi rgyal po'i rkang pa la phyag 'tshal nas de'i tshe tshigs su bcad pa 'di dag smras so ||

sangs rgyas kyis ni gang smad pa || 'dod pa slan chad（D : bcad P）bdag mi 'tshal ||
'dod pa'i sred pa spangs na ni | sangs rgyas mi yi mchog tu 'gyur ||
bdag gi sems kyis gang bsams pa'i || nongs pa de ni khyed la bshags ||
srog chags kun la bde ba'i phyir || byang chub tu ni mos bskyed do ||

dga' bo 'di lta ste | byang chub sems dpa' 'od mang ldan gyi rgyal po thabs mkhas pa des sring mo de bla na med pa yang dag par rdzogs pa'i byang chub la bslabs nas stan las langs te song ngo || dga' bo lhag pa'i bsam pa'i khyad par la ltos | ngas sring mo de lung bstan to || 'di nas shi 'phos nas bud med kyi lus brjes te | bskal pa grangs med pa brgya stong phrag dgu bcu rtsa dgu na kun（D : P om. na kun）nas ldang（D : ldan P）ba（D : pa P）dang bral ba zhes bya ba'i de bzhin gshegs pa dgra bcom pa yang dag par rdzogs pa'i sangs rgyas 'jig rten du 'byung bar 'gyur te | dga' bo khyod rnam grangs des kyang byang chub sems dpa' ni gang ltung ba'i chos can du 'gyur ba'i g-yog mi 'chang bar rig par bya'o ||（D no. 261, Za 286a7–287b4; P no. 927, Zhu 301b4–303a）

15 『ジャータカ・アッタカター』。

aniccā vata saṃkhārā uppādavayadhammino,
uppajjitvā nirujjhanti, tesaṃ vūpasamo sukho.（JA vol. I, 392）

16 『法華経』。

kvacid bhikṣurūpeṇa kvacid bhikṣuṇīrūpeṇa kvacid upāsakarūpeṇa kvacid upāsikārūpeṇa kvacic chreṣṭhibhāryārūpeṇa kvacid gṛhapatibhāryārūpeṇa kvacin naigamabhāryārūpeṇa kvacid dārakarūpeṇa kvacid dārikārūpeṇa gadgadasvaro bodhisattvo mahāsattva imaṃ saddharmapuṇḍarīkaṃ dharmaparyāyaṃ sattvānāṃ deśayati sma.（SPS 433, 5–8）

17 『法華経』。

yāvad antaḥpuramadhyagatānām api sattvānāṃ gadgadasvaro bodhisattvo mahāsattvaḥ strīrūpam abhinirmāyemaṃ saddharmapuṇḍarīkaṃ dharmaparyāyaṃ sattvānāṃ deśayati sma.（SPS 434, 2–4）

18 『不退転輪経』。

de nas bcom ldan 'das la tshe dang ldan pa kun dga' bos 'di skad ces gsol to ‖ bcom ldan 'das ci lags | gzhon nur gyur ma seng ges bud med kyi dngos po ma bsgyur lags sam | bcom ldan 'das kyis bka' stsal pa | kun dga' bo khyod ci gzhon nur gyur ma seng ge bud med yin snyam du sems sam | gsol pa | bcom ldan 'das（D : P ad. kyis bka'）de de ltar lags so ‖ bcom ldan 'das kyis bka' stsal pa | kun dga' bo de skad ma smra shig | de ci'i phyir zhe na | kun dga’ bo ’di ni gzhon nur gyur ma seng ge dang | gzhon nu ma lnga brgya po ’di dag gi cho ’phrul yin te | phyi ma’i skye bo mthong nas bud med la snying brtse ba dang | bud med bud med kyi dngos po las rnam par dgrol ba’i phyir gzhon nur gyur ma seng ges cho ’phrul ’di bstan to ‖ de ci’i phyir zhe na | ’di dag ni skyes pa mi ’jug cing ’jug（D : P om. cing ’jug）tu mi dbang ba’i khyim thams cad du zhugs nas（D : pa’i P）cho ’phrul gyis bud med ’dul lo ‖ kun dga’ bo gzhon nur gyur ma seng ge la ni bud med kyi chos med skyes pa’i chos med do ‖ de ci’i phyir zhe na | chos thams cad mi dmigs pa’i phyir ’dis bud med mi dmigs skyes pa mi dmigs so ‖ gzhon nur gyur ma seng ges chos kyi rnam grangs ’di rtogs par khong du chud do ‖ snang ba thob bo ‖ kun dga’ bo de lta bas na gzhon nur gyur ma seng ge’i rjes su slob par ’dod pa’i bud med kyis chos kyi rnam grangs ’di gzung（D : bzung P）bar bya | kun chub par bya | ’don（P : gdon D）par bya | bcang bar bya | bklag（D : klag P）par bya | kha ton du bya’o ‖

（D no. 240, Zha 294b4–295a2; P no. 906, Wu 312b6–313a4）

19 『大方等大集経』宝女品。

shā（P : sha D）ra dwa ti’i bus gsol ba | bcom ldan ’das las kyi sgrib pa ji lta bu zhig gis bu mo ’dis bud med kyi dngos po yongs su bzung | bcom ldan ’das kyis bka’ stsal pa | shā（P : sha D）ra dwa ti’i bu byang chub sems dpa’ dag ni las kyi（D : P om. las kyi）sgrib pas bud med kyi dngos po yongs su mi 'dzin to ‖ de ci'i phyir zhe na | shā (P : sha D) ra dwa ti'i bu byang chub sems dpa' dag ni sems can yongs su smin par bya ba'i phyir mngon par shes pa dang | rig pa dang | ye shes dang thabs dang shes rab kyi stobs kyis bud med kyi dngos po yongs su 'dzin to ‖ shā (P : sha D) ra dwa ti'i bu 'di la ji snyam du sems | bu mo rin chen 'di bud med do snyam na yang de ltar mi blta'i | shā (P : sha D) ra dwa ti'i bu 'di ni mngon par shes pa'i stobs can gyi byang chub sems dpar (D : dpa' P) blta ste | de la ni bud med kyi chos dang | skyes pa'i chos med do ‖ bu mo 'di ni dge ba'i chos thams cad dang ldan no ‖ 'ong ba med do ‖ 'gro ba med do ‖ shā (P : sha D) ra dwa ti'i bu bu mo rin chen 'dis ni 'dzam bu'i gling 'dir bu mo gzhon nu dgu khri bla na med pa yang dag par rdzogs pa'i byang chub tu yongs su smin par byas so ‖

(D no. 169, Ba 278b4–279a1; P no. 836, Phu 293a2–7)

20 『大樹緊那羅王所問経』。

bud med dang bu mo yongs su smin par bya ba'i phyir bud med yongs su 'dzin pa.

(D no. 157, Pha 285a1–2; P no. 824, Pu 293a3)

21 『大樹緊那羅王所問経』。

sems can 'dod chags kyi lcags kyus zin pa rnams yongs su smin par bya ba'i phyir smad tshong ba'i khyim dang slas kyi nang du bu (D : P om. bu) mo'i gzugs mdzes pa blta na sdug par ston pa.（D no. 157, Pha 285b1–2; P no. 824, Pu 293b3–4）

22 『大方広如来不思議境界経』（漢訳のみ。二訳を掲載）。

　復有無量千苾芻尼、摩訶鉢刺鉢底喬答弥為上首。為欲調伏下劣有情故、雖現女身、具丈夫業。（提雲般若訳『大方広華厳経不思議仏境界分』。T10, 905b）

　復有無量千比丘尼、摩訶波闍波提而為上首、皆已成就大丈夫業、為欲調伏下劣衆生、故現女身。（実叉難陀訳『大方広如来不思議境界経』。T10, 909b）

23 『維摩経』。

saṃcintya gaṇikā bhonti puṃsām ākarṣaṇāya te |
rāgāṅkuśena lobhetvā buddhajñāne sthapenti te ‖（VKN 82, 13–14）

24 『転女授記経』。

de nas tshe dang ldan pa rab 'byor gyis bud med de la 'di skad ces smras so ‖ che zhe khyod kyi khyim thab da（D : de P）lta ga la 'dug | bud med des smras pa | btsun pa rab 'byor bdag gi khyim thab ni gcig pur ma bas so ‖ de ci'i slad du zhe na | btsun pa rab 'byor sems can ji snyed dga' ba bkod pa'i thabs la mkhas pas 'dul bar 'gyur ba（D : bar P）de dag thams cad ni bdag gi khyim thab lags so ‖ smras pa | che zhe de bzhin gshegs pas ni su la yang 'dod pa'i dga' ba gnang ba med do ‖ smras pa | btsun pa rab 'byor de bzhin gshegs pas ni dge slong gang rkyen du（D : dang P）'tshal（D : 'tsham）ba'i（D : pa'i P） chos gos dang | bsod snyoms dang | mal cha dang | stan dang | na ba'i gso sman dang | sman zong dang | mdza' bshes kyi khyim dang | bsod snyoms ster ba'i khyim bsten (D : stan P) cing bsnyen pa dang | grogs po dga' bar bya ba dang | mkhan po dang slob dpon bsten pa dang | bsnyen (D : bsten P) pa dang | bsnyen bkur bya ba kun du bsten (D : sten P) par byed pa de la yang dge ba'i chos 'phel bar 'gyur ba dang | mi dge ba'i chos 'grib par 'gyur ba (D : P ad. ma) gsungs so ‖ smras pa | che zhe de ni khyod ji skad zer ba bzhin no ‖ smras pa | btsun pa rab 'byor de bas na de bzhin gshegs pas ni thabs de lta bus sems can rnams la 'dod pa'i dga' ba thams cad gnang ngo ‖

(D no. 190, Tsa 212a5–b2; P no. 857, Mu 222b3–8)

25 『転女授記経』。

de nas tshe dang ldan pa rab 'byor gyis bud med de la 'di skad ces smras so ‖ che zhe ci khyod kyis rigs kyi bu rnams kho na dga' ba bkod pa'i thabs la mkhas pa 'dis 'dul bar byed dam | 'on te rigs kyi bu mo dag kyang 'dul bar byed | smras pa | btsun pa rab 'byor bdag gis ni dga' ba bkod pa'i thabs la mkhas pas sems can thams cad gang yang 'dul bar mi bgyid pa ma mchis te | btsun pa rab 'byor bud med kyi sems ni lhag par yang dga' ba la sred pas na bdag gis ni bud med ches (P : chos D) mang du dga' ba bkod pa'i thabs la mkhas pas btul gyi skyes pa dag ni de lta ma lags so ‖ smras pa | che zhe khyod kyis ji ltar bud med kyi gzugs kyis bud med 'dul bar byed | de nas bud med des de'i tshe skyes pa lo nyi shu rtsa gnyis lon pa | gos gtsang ma srab mo bgos pa | skyes pa'i rgyan gyis brgyan pa | mdzes shing blta na sdug la kha dog rgyas pa mchog dang ldan pa ci 'dra ba de lta bur snang bar byas nas des smras pa | btsun pa rab 'byor bud med ni gzugs kyi lus 'di lta bus 'dul bar 'gyur ro ‖ (D no. 190, Tsa 215a1–4; P no. 857, Mu 225a7–b4)

第七章

1 『波羅提木叉』。

yo pana bhikkhu sañcarittaṃ samāpajjeyya itthiyā vā purisamatiṃ purisassa vā itthimatiṃ jāyattane vā jārattane vā antamaso taṃkhaṇikāya pi, saṃghādiseso.

（VP vol. III, 120）

2 『ジャータカ』。

bhariyā mam' etā tisatā aḷāra sabb' atthamajjhā padumuttarābhā,
aḷāra etā su te kāmakāro dadāmi te tā paricārayassu.（JA vol. V, 170）

3 『ジャータカ』（中村元〔監修・補注〕、阿部慈園、辛島静志、岡田行弘、岡田真美子〔訳〕[1988: 173–174, note 275] によって修正）。

satta itthisate datvā ekamekā rathe ṭhitā

sannaddhā nikkharajjūhi suvaṇṇena alaṃkatā
pītālaṃkārāvasanā（corr.: pītālaṃkārā pītavasanā）pītābharaṇabhūsitā
aḷārapamukhā hasulā susoññā（corr.: susaññā）tanumajjhimā
esa vessantaro rājā samhā raṭṭhā nirajjati.（JA vol. VI, 503）

4 『阿毘達磨順正理論』。

授女与夫、自非犯者。若於此境自離殺生遣他殺時、自名殺者。曾聞菩薩将女施他便獲愛果。然非梵行不善業摂。若遣他犯、与自作同。豈容安住悪業加行能招福果。或諸菩薩応犯邪行。

（巻四十二。T29, 582ab）

5 『宝行王正論』。

bu mo gzugs bzang lus mdzes pa ‖ de don gnyer ba rnams stsal na ‖
des ni dam chos yongs 'dzin pa'i ‖ gzungs ni so sor thob par 'gyur ‖（RĀ 83, 13–16）

6 『宝行王正論』。

rgyan rnams kun dang ldan pa yi ‖ bu mo stong phrag brgyad cu dag ‖
yo byad kun dang lhan cig tu ‖ thub pa yis ni sngon stsal to ‖（RĀ 83, 17–20）

7 『大宝積経』護国菩薩会。

srīṇāṃ sahasram abhirūpāḥ kāñcanamuktibhūṣitaśarīrāḥ |
tyaktā pūrvabhaveṣu caratā me āsi yadā śubho nṛpati pūrve ‖（RPP 23, 7–8）

8 『梵網経』。
若仏子、以悪心故、自身謗三宝、詐現親附、口便説空、行在有中、為白衣通致男女交会婬色縛著、於六斎日年三長斎月、作殺生劫盗、破斎犯戒者、犯軽垢罪。（巻下。T24, 1007ab）

第八章

1 『法華経』。
yaś ca kulaputrāvalokiteśvarasya bodhisattvasya mahāsattvasya putrakāmo mātṛgrāmo namaskāraṃ karoti tasya putraḥ prajāyate 'bhirūpaḥ prāsādiko darśanīyaḥ putralakṣaṇasamanvāgato bahujanapriyo manāpo 'varopitakuśalamūlaś ca bhavati. yo dārikām abhinandati tasya dārikā prajāyate 'bhirūpā prāsādikā darśanīyā paramayā śubhavarṇapuṣkaratayā samanvāgatā dārikālakṣaṇasamanvāgatā bahujanapriyā manāpāvaropitakuśalamūlā ca bhavati.（SPS 441, 13-442, 3）

2 『虚空蔵菩薩経』。
de bzhin du gang zhal ta dang | longs spyod 'dod pa（D : pa'i P）dang | gang kha ton dang | thos par 'dod pa（D : pa'i P）dang | gang dben par 'dod pa dang | gang bsam gtan la bsam gtan byed pa dang | shes rab 'dod pa dang | gang yang grags pa 'dod pa dang | gang bzo sbyong bar 'dod pa dang | gang dbang phyug 'dod pa dang | gang gzugs 'dod pa dang |

gang nor 'dod pa dang | gang dam pa 'dod pa dang | gang rigs 'dod pa dang | gang bu 'dod pa dang | gang g-yog 'dod pa dang | gang yon tan 'dod pa dang | gang sbyin pa 'dod pa dang | gang tshul khrims 'dod pa nas | gang shes rab kyi bar du 'dod pa dang | gang tshig 'jam po 'dod pa dang | gang sems can rnams dang mthun (P : 'thun D) par 'dod pa dang | gang sdig pa las thar bar bya bar 'dod pa dang | gang sbyin pa la gzhog par 'dod pa nas | shes rab la gzhog pa'i bar du 'dod pa dang | tshe ring bar 'dod pa dang | longs spyod 'dod pa dang | mi 'bral bar 'dod pa dang | sems can ser sna can rnams gtong ba la gzhog par 'dod pa dang | tshul khrims 'chal pa dag tshul khrims la gzhog par 'dod pa dang | le lo can dag brtson 'grus la gzhog par 'dod na | de dag la rigs kyi bu 'di ni thabs ston par byed do ‖ (D no. 260, Za 270b3–271a1; P no. 926, Shu 285a4–b1)

3 『大樹緊那羅王所問経』。

bud med gang tshong dpon dang khyim bdag dang rgyal po'i chung mar gyur pa bu med pa bu'i tshe 'dod pa'i mya ngan gyi zug rngu dang ldan zhing sdug bsngal gyi tshor ba myong ba la de na byang chub sems dpas de dag dge ba la dad cing yongs su smin par bya ba'i phyir de'i bur khas len pa. (D no. 157, Pha 285a5–6; P no. 824, Pu 293a7–8)

4 『薬師経』。

yaś ca mañjuśrīḥ śrāddhaḥ kulaputro vā kuladuhitā vā tasya tathāgatasya pūjāṃ kartukāmas tena tasya tathāgatasya pratimā kārāpayitavyā, sapta rātriṃdivam āryāṣṭāṅgamārgasamanvāgatena upavāsam upavasitavyam. śucinā śucim āhāraṃ kṛtvā śucau pradeśe [nānāpuṣpāṇi saṃstārya] nānāgandhapradhūpite nānāvastracchatradhvaja patākāsamalaṃkṛte tasmin pṛthivīpradeśe susnātagātreṇa śucivimalavasanadhāriṇā nirma lacittenākaluṣacittenāvyāpādacittena sarvasattveṣu maitracittena [upekṣācittena] sarvasattvānām antike samacittena bhavitavyam. nānātūryasaṃgītipravāditena sā tathāgatapratimā pradakṣiṇīkartavyā. tasya tathāgatasya pūrvapraṇidhānāni manasikartavyāni. idaṃ sūtraṃ pravartayitavyam. yaṃ cetayati yaṃ prārthayati taṃ sarvābhi[prāyaṃ] paripūrayati. yadi [dirgham āyuḥ kāmayate], dirghāyuṣko bhavati. yadi bhogaṃ prārthayate, bhogasamṛddho bhavati. yady aiśvaryam abhiprārthayate, tad alpakṛcchreṇa prāpnoti. yadi putrābhilāṣī bhavati, putraṃ pratilabhate. (BhGS 17, 4–18, 7)

5 『薬師経』。

yaś ca mātṛgrāmaḥ prasavanakāle tīvrāṃ duḥkhāṃ kharāṃ kaṭukāṃ vedanāṃ vedayati, yā tasya bhagavato bhaiṣajyaguruvaidūryaprabhasya tathāgatasya nāmadheyam anusmaret, pūjāṃ ca kuryāt, sā sukhaṃ ca prasūyate, sarvāṅgaparipūrṇaṃ putraṃ janayiṣyati. abhirūpaḥ prāsādiko darśanīyas tīkṣṇendriyo buddhimān sa ārogyasvalpābādho bhaviṣyati, na ca śakyate 'manuṣyais tasya ojo 'pahartum. (BhGS 20,

3–9)

6 『阿閦仏国経』（『大宝積経』不動如来会）。

shā（P : sha D）ra dwa ti'i bu yang sangs rgyas kyi zhing de na skyes pa dag bud med dang lhan cig tu 'khrig pa spyod pa'i phyir lus sbyor ba med de | shā（P : sha D）ra dwa ti'i bu sangs rgyas kyi zhing de na（corr. : DP ad. gang gi tshe）skyes pa gang（corr. : dag DP）kun tu chags pa'i sems bskyed（D : skyes P）pa na de song ste kun tu chags pa'i sems kyis bud med la yud（D : yul P）tsam zhig bltas pa tsam gyis skyes pa de'i 'dod chags rab tu zhi par gyur te | shin tu skyo（corr. : yid byung DP）zhing（D : P om. zhing）spangs nas mi sdug pa la 'dod chags dang bral ba'i ting nge 'dzin 'thob bo ‖ ting nge 'dzin des bdud kyi zhags pa las grol nas | yang 'dod chags kyi sems skye bar mi 'gyur ro ‖ skyes pa des gang la bltas pa'i（D : pas P）bud med de bltas pa tsam gyis sbrum mar gyur te | gnyis ka'i 'dod chags zhi bar gyur nas mngal na gnas pa'i khye'u'am bu mo de（corr. : de'i DP）lus dang sems kyis kyang 'di 'dra ba'i bde ba myong bar 'gyur te | 'di lta ste dper na sum cu rtsa gsum pa'i lha rnams rin po che'i gzhal med khang na dga' zhing mchog tu dga' bar byed pa na lus dang sems kyis bde ba myong ba bzhin du | shā（P : sha D）ra dwa ti'i bu sangs rgyas kyi zhing de na mngal na gnas pa'i khye'u dang | bu mo dag kyang de bzhin no ‖ de na mngal na gnas pa de dag nyin zhag bdun gyi bar du bde ba myong nas btsa' (D : btsang P) bar 'gyur zhing | bud med sbrum ma de (corr. : de'i DP) lus dang sems kyis kyang 'di 'dra ba'i bde ba dag myong bar 'gyur te | 'di lta ste dper na bsam gtan gnyis pa la snyoms par zhugs pa'i dge slong thams cad kyis thams cad du bde bar gyur pa bzhin no ‖ bud med de bu btsa' ba na yang mi gtsang ba dang | dri mi zhim pa dag med do ‖ shā (P : sha D) ra dwa ti'i bu de yang bcom ldan 'das de bzhin gshegs pa dgra bcom pa yang dag par rdzogs pa'i sangs rgyas mi 'khrugs pa de sngon byang chub sems dpa'i spyad pa spyod pa na kye ma nam bdag bla na med pa yang dag par rdzogs pa'i byang chub mngon par rdzogs par sangs rgyas pa'i sangs rgyas kyi zhing de yon tan de lta bu dag dang ldan par gyur cig ces smon lam btab pa'i khyad par gyis gyur pa yin no ‖ (D no. 50, Kha 25a7–b7; P no. 760 [6], Dzi 29b7–30a8)

『悲華経』における阿閦菩薩の本願によって蔵訳を修正した。同経に次のようにある。

na ca tatra manuṣyā mātṛgrāmeṇa sārdhaṃ maithunakāyasaṃsargam āpadyeyuḥ. yasya ca tatra puruṣasya sarāgacittam utpadyeta, gatvā mātṛgrāmaṃ sarāgena cittena prekṣate muhūrtena puruṣasya rāgaḥ praśāmyeta, mahatodvegena ca prakramet, śubhavirajaṃ ca samādhiṃ pratilabheta, tena ca samādhinā mārapāśebhyaḥ parimucyeyuḥ, na ca bhūyo raktacittam utpādayeyuḥ. yā ca tatra strī puruṣaṃ sarāgaṃ nirīkṣeta gurviṇī bhavet, nirīkṣitamātreṇa cobhayo rāgaḥ praśamet. ye garbhavāsā (corr. : garbhavāsair) dārakadārikā evaṃ kāyacaitasikaṃ sukhaṃ pratisaṃvedayeyuḥ, tad yathā devās trayastriṃśā nandanti pramodanti kāyacaitasikaṃ sukhaṃ pratisaṃvedayanti. evaṃrūpaś ca tatra buddhakṣetre garbhavāsā dārakadārikāḥ saptarātriṃdivasāni sukhaṃ saṃvedayeyuḥ. tāś ca striyo garbhiṇyaḥ evaṃrūpaṃ sukhaṃ pratisaṃvedayeyuḥ, tad yathā dvitīyadhyānasaṃpanno bhikṣuḥ. na ca te sattvā aśucinā garbhamalena kliśyeyuḥ, saptame ca divase paramasugandhena parameṇa ca sukhopadhānena samarpitāḥ pratyājāyeyuḥ.（KPS 168, 19–169, 17）

結章

1　『法華経』。

evam eva haṃ śārisutā maharṣī sattvāna trāṇaṃ ca pitā ca bhomi |
putrāś ca te prāṇina sarvi mahyaṃ traidhātuke kāmavilagna bālāḥ ‖（SPS 89, 11–12）

あとがき

本書は先に拙著『大乗非仏説をこえて――大乗仏教は何のためにあるのか』（国書刊行会、二〇一八年）のまえがきにおいて『仏教と恋愛』という仮題のもとに刊行を予告した書です。今回、春秋社のご好意により、予告から五年を経て刊行を実現できますことをありがたく思っています。

筆者は、仏教書を書くことによって生計を立てていますから、世間の多くの人々が関心を持つような仏教書を書くことをつねに考えています。そして、世間の多くの人々が関心を持つものは恋愛ですから、仏教と恋愛との関係について一書を書くことを考えるようになりました。ただし、どのように書くかがなかなか決まらなかったため、予告から四年ほどのあいだ、着手を延期していたのです。

そうしているうちに、昨年、菩薩思想を中心として拙著『仏のなりかた——上座部、説一切有部、唯識派による古典的成仏論』（春秋社、二〇二二年）を書き、それをきっかけに、本書をも菩薩思想を中心として書くことを決めました。したがって、本書は、菩薩思想を中心として書かれたという点において、『仏のなりかた』と姉妹関係にあります。本書をお読みになって菩薩思想に興味をお持ちになった諸兄諸姉はぜひ『仏のなりかた』をもご覧くださいますと幸いです。

菩薩思想と恋愛との関係についてはすでに前近代においてしばしば注目されていました。たとえば、唐においては、天台宗の湛然（たんねん）『止観輔行伝弘決』（しかんぶぎょうでんぐけつ）（第二之四。T46, 205bc）において、『方便善巧経』（『大宝積経』大乗方便会）から、本書第三章において紹介しました、ジョーティスというマーナヴァカ（〝婆羅門青年〟）の逸話や、本書第六章において紹介しました、光聚王菩薩の逸話が引用されています。このことは日本天台宗を通じて平安時代の日本に広められ、平安文学のひとつ、平康頼『宝物集』（ほうぶつしゅう）においては、『止観輔行伝弘決』にもとづいて、ジョーティスというマーナヴァカの逸話が言及されています。同書に次のようにあります。

東光梵士と云は美人なり。あさましき下女、梵士を思ひかけて、あはずは身をなげて死なむとせしを、命をうしなはじがために、下女を婬するなり。

（巻六。SNKBT40, 302）

「東光」とあるのは、ジョーティスが『方便善巧経』の古訳である竺法護訳『慧上菩薩問大善権経』において「焰光」と漢訳され、それが『止観輔行伝弘決』において「灯光」と誤記され、それがさらに「東光」と誤記されたことによります。

ただし、菩薩思想と恋愛との関係は、前近代においてはもちろん、近現代においてすら包括的に検討されてこなかったように思われます。筆者は部派仏教と大乗仏教との文献を渉猟して、できるだけ多くの資料を収集し、それによって包括的な検討を試みました。資料をうまく整理するのに手こずりましたが、結果としては、なかなかわかりやすい一冊になったのではないかと思っています。

本書を踏まえて、筆者は、今後、ふたつの本を書くことを考えています。

ひとつは、仏教の歴史を女性理解の歴史として捉える、『仏教の女性理解』というような本を書いてみたいと思っています。本書結章において確認しましたように、出家者である菩薩がもともと女性を愛せなかったり、在家者である菩薩がだんだん女性を愛せなくなったりするのは、女性を蔑視／批判しているからではなく、みずからの欲／貪を断ちきるべきだからです。ただし、部派仏教においても大乗仏教においても、女性蔑視／女性批判と考えられる要素が決して存在しないわけではありません。筆者はそのような女性蔑視／女性批判と考えられる要素を中心に仏教の女性理解を包括的に論じてみたいと思っています。

もうひとつは、仏教の歴史を出家者の結婚の歴史として捉える、『僧侶妻帯世襲の歴史』『尼僧蓄髪縁付の歴史』というような本を書いてみたいと思っています。本書を通して確認しましたように、部派仏教においても大乗仏教においても、出家者である菩薩が女性と結婚すること、女性と諸欲を享受すること、女性を直視すること、女性を仲介することは認められていませんし、出家者である菩薩が女性の五欲を享受すること、女性に説法することは積極的に認められていません。ただし、現実の歴史においては、出家者である菩薩であるはずの大乗仏教系の出家者がそれら認められていないことをしばしば行なってきました。筆者はそのような出家者の結婚を包括的に論じてみたいと思っています。

どちらの本をも、縁にしたがって、世に出していくつもりです。暖かいご声援をいただけますと幸いです。

今回の刊行にあたっては、前著同様、春秋社の皆様のご理解とご協力とを忝くしました。とりわけ、春秋社の格調高い仏教書ラインナップの中ではいささか異色な本書の企画に興味を示してくださり、前著に引き続いてご担当をお引き受けくださいました豊嶋悠吾氏に心から御礼申し上げます。

令和五年九月吉日

洛外東山今熊野の仮寓にて

大竹　晋

著者略歴

大竹 晋（おおたけ すすむ）

1974 年、岐阜県生まれ。筑波大学卒業。博士（文学）。現在、宗教評論家、仏典翻訳家。近年の著書に『宗祖に訊く』『大乗起信論成立問題の研究』『大乗非仏説をこえて』『セルフ授戒で仏教徒』（以上、国書刊行会）、『「悟り体験」を読む』（新潮社）、『悟りと葬式』（筑摩書房）、『仏のなりかた』（春秋社）など、訳書に『現代語訳　最澄全集』全四巻（国書刊行会）などがある。

菩薩は女性を愛せるか

2023 年 10 月 20 日　第 1 刷発行

著　　者　大竹　晋
発 行 者　小林公二
発 行 所　株式会社 春秋社
〒 101-0021　東京都千代田区外神田 2-18-6
電話　03-3255-9611（営業）
　　　03-3255-9614（編集）
振替　00180-6-24861
https://www.shunjusha.co.jp/
装 幀 者　鎌内　文
印刷・製本　萩原印刷株式会社

ISBN978-4-393-11140-6　　定価はカバー等に表示してあります